LES 527 ENFANTS D'ODETTE ET MOUSSA

ISBN : 2-35061-009-8

ANDRÉE POCH-KARSENTI

LES 527 ENFANTS D'ODETTE ET MOUSSA

Histoire du Réseau Marcel

Le Publieur

Une histoire mêlée
À celle de 527 Autres...

FRATERNITÉ

De la boue que vous m'avez lancée
Je ferai le pain blanc
Et je vous l'offrirai
Du crachat qui m'a Sali la lèvre
Du crachat de votre haine
Je ferai le vin clair
Et je vous l'offrirai
Des pierres et des coups
Qui m'ont meurtri le corps
Je bâtirai les maisons et les palais
Et je vous les offrirai
Du mépris et de la haine
Qui déforment votre visage
Je ferai l'amour
Et je vous l'offrirai
Donnez-moi vos malheurs
Vos chagrins, vos angoisses, vos peines
Et j'en ferai la vie
Aussi claire que le rire d'un enfant.

Poème recueilli par l'œuvre de Secours aux enfants

PRÉFACE

C'EST UNE LOI qui ne souffre guère d'exception qu'avec le temps le souvenir des événements, même des plus mémorables, tende à s'effacer de la mémoire des hommes. Il n'en est rien pour tout ce qui touche à la Shoah. Non seulement elle reste très présente – c'est l'effet de la pratique du devoir de mémoire –, mais la connaissance que nous en avons a heureusement progressé : nous en savons plus sur cette tragédie qu'au lendemain de la catastrophe, nous en mesurons mieux l'ampleur, nous en percevons plus nettement le caractère exceptionnel. L'investigation des historiens s'est étendue à ses conséquences et aux réactions et notamment aux initiatives spontanées pour contrarier l'application de ce dessein criminel et arracher les victimes au sort qui les attendait. Serge Klarsfeld avait été des premiers à signaler que si en France une proportion importante de juifs avait échappé au destin qui les menaçait, c'était dû à une forme de résistance de la société française qui avait multiplié les tentatives de sauvetage. Je suis heureux de mentionner le travail exemplaire d'Asher Cohen, historien israélien trop tôt disparu, qui à partir de la consultation des archives administratives, avait étudié et les persécutions et les sauvetages. Surtout, on ne saurait trop rendre hommage à Yad Vashem pour ses enquêtes qui ont permis à ce jour d'honorer la mémoire de plusieurs milliers de Français reconnus comme Justes des nations pour avoir, au mépris du danger, arraché des juifs à la déportation et à une mort certaine.

C'est à l'une de ces initiatives que fait écho le livre d'Andrée Poch-Karsenti, une des plus originales, une des plus efficaces aussi, qui a associé dans une action salvatrice deux jeunes juifs, dont l'un d'origine syrienne, et un évêque de 70 ans, celui de Nice, Mgr Rémond, à qui ils étaient venus demander son aide, et qui ne s'est pas contenté d'apporter son concours personnel : il a installé Moussa Abadi à l'évêché, lui a donné un bureau ; a établi à son nom une sorte de sauf-conduit qui l'accréditait comme inspecteur de l'enseignement confessionnel pour tout le diocèse et lui donnait accès à toutes les communautés religieuses. C'est la mobilisation de ce réseau qui a rendu possible le sauvetage de ces enfants et explique en partie l'exceptionnelle réussite du Réseau Marcel.

Cette histoire étonnante commence à être bien connue, notamment depuis que Yad Vashem a accordé à Mgr Rémond la reconnaissance de Juste des nations. Une association s'est constituée à l'initiative de quelques-uns des enfants sauvés pour entretenir la mémoire de leurs sauveurs. Une plaque a été apposée sur les murs de l'évêché de Nice qui commémore le rôle joué par cette maison. Une production télévisuelle a été tournée qui a déjà été programmée sur des chaînes publiques. Visitant récemment à Jérusalem Yad Vashem, j'ai eu l'émotion de découvrir dans la section consacrée aux non-juifs ayant dans la grande épreuve apporté aide et assistance, une photographie de mon oncle, Mgr Rémond, dont je n'ai su le rôle qu'il avait joué dans cette aventure que longtemps après sa disparition, lors de la reconnaissance par Yad Vashem de la qualité de Juste des nations. Bien que j'eusse avec lui une relation intellectuelle et affective profonde, il ne m'a jamais fait confidence de ce chapitre de son action. Cette discrétion, cette modestie, ce sont des traits qu'il partageait avec Moussa Abadi et Odette Rosenstock. Eux non plus n'en ont ensuite jamais parlé. On se demande ce qu'il convient d'admirer le plus chez eux de la lucidité qui a inspiré leur action, du courage qu'elle exigeait, des dons d'organisation qui ont permis cette réussite, ou de leur effacement.

La conséquence est qu'on ne savait pas grand-chose d'eux-mêmes. Qui étaient-ils ? D'où venaient-ils ? Comment ce projet leur était il venu à l'esprit ? Et qu'espéraient-ils ensuite ? C'est pour répondre à ces questions que suscite une légitime curiosité et entretenir leur souvenir qu'Andrée Poch-Karsenti a écrit ce livre. Elle s'est moins proposée de refaire l'histoire du réseau que d'évoquer leur personnalité. Elle élucide cependant quelques points d'histoire et précise quelques détails de chronologie : ainsi, elle confirme que Moussa Abadi a fait la connaissance de Mgr Rémond par l'intermédiaire de son ancien professeur, Gustave Cohen, chassé de la Sorbonne, qui avait trouvé provisoirement refuge à Nice et y donnait des conférences publiques auxquelles assistait l'évêque, désireux de manifester sa sympathie pour les juifs. Connaissant bien l'Allemagne, ayant été témoin de la montée du national-socialisme, il avait publiquement dénoncé la perversité de la doctrine et la nocivité du IIIe Reich, moins de trois mois après l'accession de Hitler à la Chancellerie.

Ce livre fait aussi comprendre la complexité et l'extrême difficulté de la tâche entreprise ; disperser ces centaines d'enfants à travers les écoles et les couvents, garder le contact avec eux, trouver les ressources pour assurer le financement des mois durant, faire accepter par ces enfants, déjà privés de leurs parents, une identité d'emprunt. On prend conscience de la performance extraordinaire que constitue le sauvetage de ces enfants dont deux seulement ont été repris, à la suite d'une imprudence. On mesure aussi ce qu'il a fallu de patience et d'ingéniosité. Le portrait est émouvant de ces deux jeunes gens aux itinéraires si dissemblables qui se retrouvent unis dans une entreprise dangereuse et uniront ensuite leurs existences. Grâce à Andrée Poch-Karsenti, les enfants sauvés connaîtront un peu mieux leurs sauveurs. Elle permettra à d'autres aussi de découvrir leur personnalité. La lecture de ce beau livre inspire le regret de ne pas avoir connu ces deux personnalités qui honorent l'humanité.

René Rémond, de l'Académie française

EN GUISE D'INTRODUCTION...

UN JOUR DE L'AN 1997, mon frère aîné est venu me rendre visite, une lettre à la main : « *Tiens, c'est pour toi !* » Fenêtre brutalement ouverte sur mon passé. Un passé que je croyais avoir sagement rangé dans les replis de ma mémoire, dans le secret de mon cœur, mais un passé cependant où les dates et les événements se chevauchaient, festonnés de figures disparues ou inconnues. Un passé, des mots qui s'échappent d'une simple feuille de papier : « *C'est votre petite sœur que l'on cherche...* » Un nom : Odette Abadi, un numéro de téléphone, une voix d'homme, mon cœur qui éclate, une conversation à trois personnages où les questions fusent pendant une heure. Une rencontre, et soudain une partie du voile se lève. Un saut dans les années 1943-1944 et 527 enfants sont convoqués au parloir des souvenirs. 527 enfants cachés : d'où venaient-ils ? Où étaient-ils cachés ? Pourquoi l'étaient-ils ? Comment ? Qui étaient les incroyables acteurs de cette épopée ? J'étais une de ces 527. J'ai rencontré tardivement, mais non trop tard, ceux qui ont préservé ma vie. D'autres « enfants » depuis ont comme moi découvert ce temps entre parenthèses. Avides de réponses aux mille questions posées et Odette et Moussa décédés, j'ai décidé de partager avec eux les souvenirs engrangés. Pour eux, je laisserai des pages blanches à la fin de ce récit pour qu'ils puissent, s'ils le désirent, retranscrire leur passage dans le Réseau Marcel. Quant à moi, ma propre histoire a été définie par les événements que j'évoque. De ma trajectoire brisée dès l'enfance, je ne peux livrer que des sensations, quelques bribes de souvenirs offerts à une de mes petites-filles : peut-être les inclurai-je, moi aussi, sur ces pages de fin…

UNE HISTOIRE MÊLÉE À CELLE DE 527 AUTRES…

Une histoire où chacun est seul avec lui-même, infime partie de l'ensemble. Pour chacun d'entres nous ILS ont un temps, donné, réfléchi, pesé, soupesé, craint. Chacun de nous a fait l'objet de soins attentifs et presque personne d'entre nous ne l'a su, sauf quelques très rares privilégiés.

ILS sont sortis de l'ombre pour prendre noms dans nos têtes, visages à nos yeux : Odette et Moussa, comme on pourrait dire Philémon et Baucis. Unis dans leurs sentiments d'amour de l'Homme, du refus de l'injustice, voulant rester debout face à l'innommable.

Odette et Moussa : inséparables dans la vie, dans la mort. Il faudrait un livre pour chacun d'eux ; les parler, les faire revivre. Comment, en chacun d'eux, appréhender l'Universel qu'ils représentaient ?

Amis d'Odette et Moussa, vous en avez tous une partie. Anecdotes, traits d'esprit, griffures, pétillements du regard de

Moussa, coin de ciel dans l'œil d'Odette... Vous, enfants pour certains, vous ne les avez pas connus. J'ai eu cette chance, ce privilège, mais « Enfants Abadi » vous êtes, et comme dans toute fratrie, je voudrais vous restituer un peu de cette parcelle d'eux qu'ils ont bien voulu me donner. Alors...

Il était une fois Odette et Moussa ?

Il était une fois vous, un enfant caché ?

Il était une page de votre histoire ignorée peut-être longtemps par vous. Quand avez-vous appris votre passage dans le « Réseau Marcel » ? Où étiez-vous ? Que dit votre mémoire ? Que raconte votre corps ? Vous seul(e) pouvez noircir ces feuilles entrelacées dans mon récit pour mêler vos souvenirs à l'époque où vous croisâtes « Monsieur Marcel et Sylvie Delatre ».

Mais votre histoire, notre histoire, aussi forte soit-elle pour chacun d'entre nous, unique, spécifique, n'existe que parce que celle que l'on nomme *« La Grande Histoire »* a fait irruption au cœur des maillons de notre vie.

Je me suis interrogée sur la nécessité de restituer ce tremblement de terre que fut cette seconde guerre mondiale, ce chaos dont tellement ne sont pas revenus. Je ne sais pas si vous êtes affligés du travers qui est mien : je suis dans l'impossibilité de fixer le temps, les dates me jouent sans cesse des tours, se déplacent, les lieux se superposent dans ma mémoire malgré la photographie que j'en conserve. Alors, peut-être vais-je céder à une pulsion égoïste et faire un rappel des événements pour comme une enfant, me situer dans le temps et l'espace. Je ne suis pas historienne, mais les dates chronologiquement écrites sous ma plume prendront-elles enfin du corps pour que l'irréel puisse, non se concevoir, mais admettre qu'il fût...

Cet écrit, longtemps en gestation, peu à peu mûri dans les abysses de la mémoire, a envahi mes pensées et s'est imposé. Le porter fut lourd, mais nombreux autour de moi, par leur présence, leurs encouragements, leur participation dans les relectures, contribuèrent à l'élaboration de ce projet. L'élément déclencheur fut ma participation au tournage du documentaire *« Le Réseau Marcel »*. Viviane, (productrice) Maria, Jacqueline (scénaristes et réalisatrice), m'ont offert leur écoute bienveillante. Je garde en mémoire notre première rencontre entrecoupée de retards, d'émotion forte sur fond de mouchoirs utilisés à profusion, comme le départ d'un retour ! Puis, ce fut Nice, leur sollicitude face à la petite fille, dont le désarroi affleurait, leur implication qui leur faisait mieux que moi-même connaître les premiers lieux et dates de mes errances : merci à elles trois. Mais avec elles, il y avait l'œil de Jean-Marc derrière sa caméra. Caméra si discrète, soutenant de son regard les efforts de l'enfant cherchant ses souvenirs. Caméra devenue invisible qui a permis le dire avant de laisser découvrir, une fois baissée, la chaleur d'un sourire... Merci à toi.

Que dire de l'oreille de Claude, preneur de sons ? Sons qui s'étranglent, coincés par l'émotion d'une gorge nouée, cris muets, paroles de l'âme qui jaillissent impétueuses sans réflexion, et accueillies avec respect. Tu fus le récipiendaire de cet autre canal de l'expression d'émois... Merci.

Merci à Jeannette, ma plus que sœur, mon amie, qui m'a encouragée dans cet effort, partageant ces émotions me liant à Odette et Moussa. Merci à Laurent, assigné à la lourde tâche de correcteur et qui s'y est soumis de si bonne grâce toujours. Merci à mes enfants, témoins privilégiés de mon cheminement et parfois de mes tourments. Par leur tendresse, leur sollicitude, leurs encouragements, ils m'ont confortée, soutenue. Merci à mon fils : ses remarques avisées ont fait progresser ces quelques pages. Merci à Isabelle ma presque fille.

Merci à Bernard qui n'a épargné ni son temps ni ses compétences informatiques, à Sylvie, lectrice et correctrice...

Merci à Michel, l'Ami toujours présent et à tous mes amis qui m'ont épaulée.

LA FRANCE DES ANNÉES TRENTE

CETTE ÉPOQUE MARQUÉE par la crise économique voit une résurgence de l'antisémitisme. D'après Michel Winock (*La France et les juifs,* éditions du Seuil), *« on peut attribuer cinq causes à ce retour de fièvre : la crise elle-même et son explication par la finance juive ; l'affectation du marché du travail qui incite à la xénophobie ; la prise de pouvoir par Hitler qui fait de l'antisémitisme un programme politique et entraîne l'immigration des réfugiés politiques et "raciaux" ; la victoire du Front populaire et l'arrivée au pouvoir de Léon Blum ; enfin les menaces d'une guerre voulue par les juifs ».*

50 000 chômeurs sont recensés en 1931, nombre estimé en progression, jusqu'à atteindre le million dans les années suivantes. Les juifs, notamment étrangers, sont désignés comme responsables, coupables de fausser les règles du commerce. Une forte xénophobie s'étend à tous les secteurs : artisanat, commerces, professions libérales. Face au mécontentement national, l'État édicte la loi du 10 août 1932 limitant l'emploi des salariés étrangers.

En janvier 1933, Hitler accède au pouvoir en Allemagne ;

les mesures anti-juives prises dès son avènement ont entre autres comme effet l'expulsion des juifs allemands et autrichiens… et leur arrivée en France.

Dès l'année 1938 de nombreux étrangers bénéficiant du droit d'asile font l'objet d'un internement administratif en vertu du décret du 2 mai 1938 (des rapports sont faits pour justifier les mesures prises, par le président du Conseil, le ministre de l'Intérieur, le Garde des Sceaux et le ministre des Finances).

Malgré l'implication xénophobe de certains hommes politiques français, un comité d'accueil et d'aide aux victimes de l'antisémitisme allemand se met en place, présidé par l'ancien président du Conseil, Paul Painlevé, *(La France et les juifs de 1789 à nos jours,* Michel Winock), une législation limitative se met en place avec visa obligatoire, carte d'identité sous certaines conditions pour les juifs étrangers.

SEPTEMBRE 1939 – ANNÉE 1940. LES CAMPS DÉJÀ. VICHY ET LE STATUT DES JUIFS.

Le 3 septembre 1939, la France déclare la guerre à l'Allemagne …

« Le 10 septembre 1939 dans toute la France, les ex-ressortissants du Reich, hommes âgés de 18 à 50 ans (puis ceux de 50 à 65 ans) ont été enregistrés et assignés à se rendre dans divers camps (Rivesaltes, par exemple) les autres ne devant pas quitter leur domicile ». (Le calendrier de la persécution des juifs en France, Serge Klarsfeld).

…Et déjà, le 4 mai 1940, Auschwitz se construit.

Le 13 mai 1940, suite à l'avancée allemande, les ressortissants allemands, autrichiens, sarrois, dantzigois, hommes de 18 à 55 ans, femmes célibataires ou mariées sans enfants, sont convoqués à Paris dans les différents commissariats. Ils seront ensuite transférés dans les camps du Sud-Ouest : Rivesaltes (Pyrénées-Orientales) pour les hommes, Gurs (Basses-Pyrénées) pour les femmes. Viendront très rapidement les rejoindre d'autres ressortissantes allemandes accompagnées de leurs enfants. Plus de 9 000 femmes et enfants sont dénombrés fin juin 1940 dans ce camp de Gurs, dont au moins la moitié sont juifs.

Le camp de Pithivier où étaient regroupés les juifs avant leur déportation.

Au nord de la ligne de démarcation, des camps d'internement pour les juifs étrangers sont créés : Pithiviers, Beaune-La-Rolande, Vittel, Compiègne, pour n'en citer que quelques-uns. Dans le Sud de la France : Septfonds, Venissieux, Récébédou…

Le 10 juin : le gouvernement quitte Paris.

Le 12 juin : l'ordre de retraite générale est donné.

Le 22 juin : l'Armistice est signé.

Le 10 juillet : Pétain est nommé chef d'État.

Ce dernier prend très rapidement des mesures énergiques : le 22 juillet, par ordre du gouvernement de Vichy, 6 307 juifs d'origine étrangère sont déchus de leur statut de Français par naturalisation. On dirait qu'un chemin se prépare : voie largement ouverte par la première ordonnance allemande du 27 septembre en zone occupée sur le recensement des juifs. Cette même ordonnance énonce les caractéristiques qui définissent le fait d'être juif ainsi que les interdictions liées à cet état.

France coupée en deux par une frontière serpentine partant des Pyrénées-Atlantiques, remontant l'Aquitaine, frôlant le Périgord, traversant le Poitou-Charentes, s'arrondissant sur l'extrémité sud de la Touraine et du Loir-et-Cher, se creusant au cœur du Loiret pour finir sur le Jura. Toute partie au nord de cette ligne est avalée, asservie, dominée par les Allemands… Mais aussi par la France de Pétain.

En date du 3 octobre 1940, soit en 13 mois, la France a déclaré une guerre, l'a perdue et se retrouve alliée à son envahisseur pour aller à la *« chasse aux juifs »*. Le gouvernement de Vichy promulgue le premier Statut des juifs, qui exclue tout juif de la fonction publique, de la presse et du cinéma. Ce même gouvernement décide que les juifs seront définis comme une race. L'article 1er de la loi du 4 octobre 1940 stipule que *« les ressortissants étrangers de race juive pourront, à dater de la promulgation de la présente loi, être internés dans des camps spéciaux par décision du préfet du département de leur résidence »*.

LA FRANCE ÉCLATÉE APRÈS LA DÉFAITE DE 1940
Zones d'occupation à partir de novembre 1942

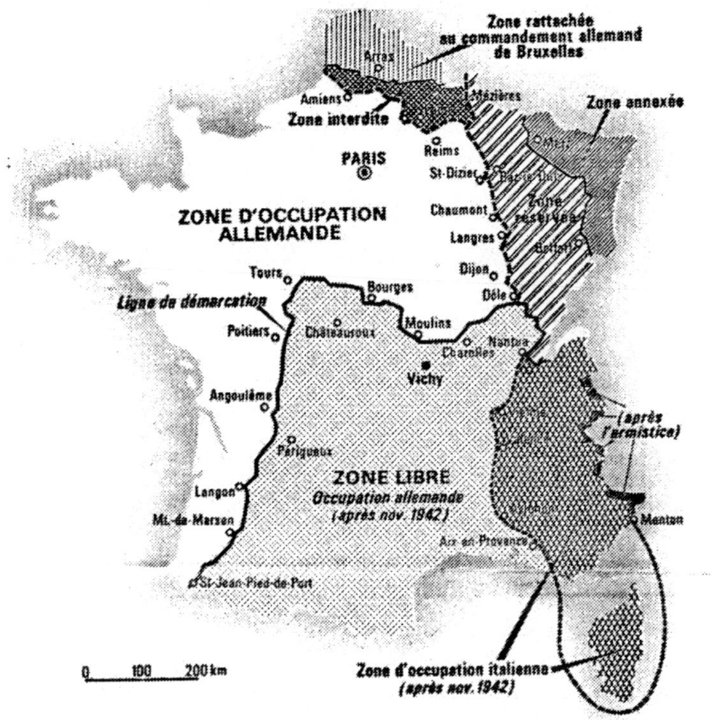

La zone annexée : *Gouvernée par un **Gauleiter,** elle est considérée comme un territoire allemand.*

La zone rattachée au commandement allemand à Bruxelles. *Les Allemands songèrent à l'annexer. Sous réserve des autorisations, Bruxelles est sous administration française.*

La zone interdite : *dans des conditions proches, est strictement contrôlée. Y entrer exige des laissez-passer spéciaux parcimonieusement attribués.*

La zone réservée : *les terres inexploitées du fait de l'exode ou confisquées sont colonisées par la société allemande Ostland.*

La zone occupée : *dont l'entrée exige des laissez-passer, est sous administration française contrôlée par les Allemands.*

La zone libre : *est sous la souveraineté du gouvernement de Vichy.*

La zone d'occupation italienne : *pas de persécutions raciales. Elle est prise en main par les Allemands à partir du 8 septembre 1943, date de la cessation des hostilités entre l'Italie et les Alliés. Au moins cinq mille juifs y furent alors arrêtés.*

C'est ainsi que le camp de Rivesaltes, construit dans une contrée inhospitalière secouée de vents violents, envahie de moustiques, « accueille » ces parias dans des conditions sanitaires déplorables. La ration alimentaire par individu est de 500 à 600 calories par jour. Parmi eux, 5 000 enfants et adolescents de quatre à quinze ans se voient gratifier d'une ration de lait et d'une petite quantité de pain. C'est le début d'une escalade d'actes odieux qui devanceront ce que les Allemands n'ont pas encore envisagé. Il est possible alors dès le 4 octobre, d'interner ces *« étrangers de race juive »* dans ces camps, lesquels se sont multipliés. Il manque à cette décision un autre grand pas franchi aisément : un décret du 7 octobre traverse la Méditerranée pour collectivement dénaturaliser les juifs d'Algérie en abrogeant le décret Crémieux.

Les juifs d'Algérie ne sont plus citoyens français

En 1870, un décret dit « décret Crémieux » avait donné aux juifs d'Algérie la citoyenneté française.

Loi portant abrogation du décret du Gouvernement de la défense nationale du 24 octobre 1870 et fixant le statut des juifs indigènes des départements de l'Algérie.

ARTICLE PREMIER – Le décret du Gouvernement de la défense nationale du 24 octobre 1870 est abrogé en ce qu'il règle les droits politiques des juifs indigènes des départements de l'Algérie et les déclare citoyens français.

Art. 2. – Les droits politiques des juifs indigènes des départements de l'Algérie sont réglés par les textes qui fixent les droits politiques des indigènes musulmans algériens.

Art. 3. – En ce qui concerne leurs droits civils, le statut réel et le statut personnel des juifs indigènes des départements de l'Algérie restent réglés par la loi française.

Art. 4. – Les juifs indigènes des départements de l'Algérie qui, ayant appartenu à une unité combattante pendant la guerre de 1914-1918 ou de 1939-1940, auront obtenu la Légion d'honneur à titre militaire, la médaille militaire ou la Croix de guerre, conserveront le statut politique de citoyens français.

Art. 5. – Ce statut pourra être conservé, par décret contresigné par le garde des sceaux, ministre secrétaire d'Etat à la justice et par le ministre secrétaire d'État à l'intérieur, aux juifs indigènes des départements de l'Algérie qui se seront distingués par des services rendus au pays.

Art. 6. – La présente loi est applicable à tous les bénéficiaires du décret du 24 octobre 1870 et à leurs descendants.

Art. 7. – Le présent décret sera publié au *Journal officiel* et exécuté comme loi de l'Etat.

Fait à Vichy, le 7 octobre 1940.

Ph. PÉTAIN.

Le 19 octobre : création du fichier des juifs de la préfecture de police.

L'argent est le nerf de la guerre dit-on, alors il faut aussi recenser ce qui pourrait donner des ressources possibles : les entreprises juives. L'ordonnance allemande du 18 octobre permet d'en placer 30 000 sous tutelle. D'après Raul Hilberg[1], *« c'était la première fois que les Allemands utilisaient les rouages administratifs d'un gouvernement étranger : la tâche initiale de la bureaucratie française consista à mettre en œuvre les mesures de recensement prévues par les décrets allemands »*.

L'année 1940 s'achève bientôt, mais voit encore l'interdiction aux juifs d'exercer certaines professions, notamment les professions libérales ; ils ne peuvent plus fréquenter les facultés, se voient attribuer la voiture de queue dans le métro, les squares sont interdits aux enfants juifs.

De janvier 1941 à décembre 1941. De la traque aux premiers convois.

La loi de Vichy du 29 mars 1941 permet la création du Commissariat aux questions juives, dont le premier président est Xavier Vallat.

Le 26 avril est prononcée la troisième ordonnance allemande affinant la définition du juif par rapport à l'ordonnance du 27 septembre 1940.

Au mois de mai, la préfecture française apporte son concours actif à l'occupant, elle convoque pour vérification

---

3. *La destruction des juifs d'Europe, Fayard. 1997*

de situation les juifs étrangers, puis les interne dans les camps de Pithiviers et de Beaune-La-Rolande

Du 20 au 25 août, deuxième opération d'arrestations massives des juifs de Paris. Cet afflux de personnes entraîne la création du camp d'internement de Drancy, gardé et administré par les autorités françaises. « *Au cours d'une première période jusqu'en novembre 1941, Drancy jouera essentiellement le rôle d'un camp de représailles par la famine imposée aux détenus.* »

« *Le 2 septembre 1941, Léon Bérard, ambassadeur de France auprès du Saint Siège, envoie du Vatican au chef de l'État français, un long rapport. Celui-ci est une réponse à l'inquiétude de Pétain face aux éventuelles réactions de la papauté aux mesures prises par Vichy contre les juifs.* » note S. Klarsfeld dans son ouvrage *Le Calendrier de la percécution des juifs de France.*

Ce rapport dit en substance : « *En principe, il n'y a rien dans ces mesures qui puisse donner prise à la critique, du point de vue du Saint Siège. Celui-ci considère qu'en portant de telles règles, un État use légitimement de son pouvoir et que la puissance spirituelle n'a pas à s'ingérer, en telle matière, dans la police intérieure des États* ».

Le 5 septembre : inauguration de l'exposition organisée par les Allemands, « *Le juif et la France* ».

Le 19 octobre : création de la police aux Questions juives.

Le 10 décembre, une ordonnance du préfet de Police enjoint les juifs français et étrangers à un contrôle d'identité régulier : ils doivent présenter leurs papiers aux autorités.

Le recensement

Loi du 2 juin 1941 prescrivant le recensement des juifs.

Nous, Maréchal de France, chef de l'Etat français,

Le conseil des ministres entendu,

Décrétons :

Article premier. – Toutes personnes qui sont juives au regard de la loi du 2 juin 1941 portant statut des juifs doivent, dans le délai d'un mois à compter de la publication de la présente loi, remettre au préfet du département ou au sous-préfet de l'arrondissement dans lequel elles ont leur domicile ou leur résidence, une déclaration écrite indiquant qu'elles sont juives au regard de la loi et mentionnant leur état civil, leur situation de famille, leur profession et l'état de leurs biens.

La déclaration est faite par le mari pour la femme, et par le représentant légal pour le mineur ou l'interdit.

Art. 2. – Toute infraction aux dispositions de l'article premier est punie d'un emprisonnement de un mois à un an et d'une amende de 100 à 10 000 F, ou de l'une de ces deux peines seulement, sans préjudice du droit pour le préfet de prononcer l'internement dans un camp spécial, même si l'intéressé est Français.

Fait à Vichy, le 2 juin 1941.

Ph. PÉTAIN.

Par le Maréchal de France, chef de l'Etat français :

L'amiral de la flotte,
vice-président du conseil,
ministre secrétaire d'Etat à l'intérieur.

Amiral DARLAN.

De janvier à septembre 1942.

L'année 1942 voit la publication de la huitième ordonnance allemande du 28 mai instaurant le port obligatoire de l'étoile jaune pour les juifs en zone occupée.

L'horreur augmente d'intensité avec la mise en place de la solution finale. Le premier convoi de 1 112 déportés vers Auschwitz part de Compiègne le 27 mars 1942, suivi du second de 1 000 personnes, le 5 juin. Le troisième quitte Drancy le 22 juin avec 1 000 déportés. Le quatrième s'ébranle de Pithiviers avec 985 personnes. 4 087 juifs sont donc arrêtés entre mai et août 1941.13 000 autres personnes sont arrêtées lors de la rafle du 16 juillet au Vel d'Hiv à Paris (dont 4 000 enfants), par des policiers français…

Le 19 juillet, les premiers juifs français connaissent le même sort que leurs coreligionnaires polonais : ils sont gazés à Auschwitz. Au mois d'août 1942, 4 135 enfants sont déportés de Drancy dont 2 000 d'entre eux n'ont pas six ans.

Gare de départ des convois de déportés.

Les enfants aussi

Les limites d'âge fixées sont de quinze à cinquante-cinq ans pour les femmes, à soixante ans pour les hommes. Les juifs visés sont apatrides ; c'est-à-dire ex-polonais, allemands, autrichiens, tchèques, russes.

Après deux jours, le bilan s'élève à 12 884 arrestations. Le troisième jour, il atteint 13 152. Pour beaucoup d'entre elles, il s'agit d'épouses de juifs déjà arrêtés en mai et en août 1941. Parents et enfants sont internés pendant six jours au Vélodrome d'Hiver, avant d'être évacués sur les camps de Pithiviers et de Beaune-la-Rolande, presque vidés en juin par quatre convois de déportation.

Le 17 juillet, les responsables de la police française ont insisté, au cours d'une réunion avec la Gestapo, pour que les enfants de deux à quinze ans soient également déportés.

L'internement des étrangers

Loi sur les ressortissants étrangers de race juive

Art. 1er. – Les ressortissants étrangers de race juive pourront, à dater de la promulgation de la présente loi, être internés dans des camps spéciaux par décision du préfet du département de leur résidence.

Art. 2. – Il est constitué auprès du ministre secrétaire d'Etat à l'intérieur une commission chargée de l'organisation et de l'administration de ces camps. (...)

Art. 3. – Les ressortissants étrangers de race juive pourront en tout temps se voir assigner une résidence forcée par le préfet du département de leur résidence. (...)

Fait à Vichy, le 4 octobre 1940.

Ph. PÉTAIN.

Vichy fait du zèle et le 26 août dans la zone libre, 10 000 juifs dits « apatrides » sont livrés par la milice française à la gestapo. Plus le temps avance, plus je me retourne sur ce passé, plus j'ai de souffrances, moins je comprends ce gouvernement français à qui nos parents, nos frères perdus ont fait confiance. J'ai envie de crier à ces hommes responsables : « *Comment avez-vous pu vous commettre ainsi ?* »

DU 11 NOVEMBRE 1942 AU 8 SEPTEMBRE 1943. L'ITALIE ET LES JUIFS.

Après l'invasion allemande en mai 1940, plus de 40 000

juifs fuyant la Hollande, la Belgique, le Luxembourg sont arrivés en France, tous ayant quitté leur pays et la domination allemande pour se réfugier dans les régions du Sud. L'Italie, engagée dans la guerre depuis le 10 juin 1940 aux côtés de l'Allemagne, occupe ces départements le 11 novembre 1942. Les Italiens sont plus tolérants vis-à-vis des juifs, qu'ils n'obligent pas à porter l'étoile et qu'ils ne pourchassent pas. Cette attitude protectrice provoque un afflux massif de juifs dans la région. Mais malgré cela, face à cette vague de réfugiés, un certain antisémitisme commence à s'installer. Mer humaine apeurée. Bouleversés. Ils ont quitté en masse les départements voisins pour se replier sur le comté niçois. Environ 30 000 personnes, toutes nationalités confondues, cherchent à se loger tant bien que mal dans les hôtels, les meublés, chez l'habitant… ou sur les plages. À Nice, l'atmosphère est délétère. Des bruits circulent sous le manteau, les gens se retrouvent pour des nouvelles dont personne ne peut vérifier l'authenticité dans un petit centre communautaire « le Dubouchage », centre situé sur le boulevard du même nom. On connaît l'existence des camps français où les juifs étrangers sont internés, mais tous pensent confusément qu'il vaut mieux être dans ces lieux plutôt qu'en Allemagne.

La milice est omniprésente dans les rues, arrogante, toute puissante et sème la panique. À côté de la milice officielle de Darlan, qui procède aux interrogatoires des juifs qu'elle arrête avant de les dépouiller de leurs biens, il existe aussi une autre milice constituée de malfrats et bandits en tout genre, intéressés par la rapine qu'ils opèrent sans scrupules et qu'ils pratiquent en toute impunité sur les juifs dont ils se saisissent. Ils ont pignon sur rue et leur local est connu.

Le facteur commun est l'incertitude, la peur, le sentiment de la menace, imprécise dans sa finalité, mais prégnante. Obligation est faite aux juifs de se faire recenser au commissariat ; sur leur carte d'identité la mention Juif est apposée.

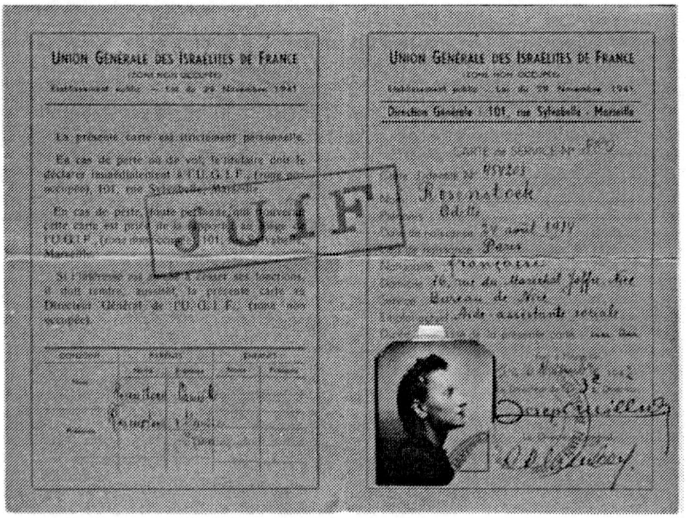

Carte d'identité d'Odette.

Presque tous se plient à cet ordre, goulot d'étranglement de la solution que personne encore n'intègre comme étant la solution finale. Il est à noter combien la discipline est forte, mais aussi peut-être la confiance dans cette France, déchirée certes, mais sans doute encore nimbée du titre de *« Terre des Libertés »*.

Les nouvelles de la zone Nord, bien que limitées aux cartes interzones, sont révélatrices de ce qu'il s'y passe. Le statut des juifs est édicté, l'angoisse monte, les juifs tentent de quitter le territoire et des visas sont sollicités auprès de l'ambassade des États-Unis. La Promenade des Anglais devient le « marché » des passeurs qui, pour des sommes énormes, s'engagent à accompagner les candidats à la fuite jusqu'à la frontière… quand ils ne les dénoncent pas eux-mêmes ! Chacun a l'espoir de pouvoir sortir de ce piège.

Le 7 mai 1942, Bousquet (secrétaire général à la police de Vichy) et Heydrich (chef de l'Office central de la Sécurité du Reich) se rencontrent pour évoquer la déportation effective des juifs apatrides en zone occupée. Surenchérissant, Bousquet propose à Heydrich de déporter également les juifs apatrides internés en zone libre. Proposition reprise le 16 juin 1942 par Oberg, chef des SS et de la police allemande en France, et Knochen, chef de la Sûreté. Bousquet donne son accord sur un chiffre de 10 000 juifs apatrides à livrer de la France libre en zone occupée.

Le 2 juillet, Laval confirmera les engagements pris par Bousquet. Pour aboutir au chiffre imposé, Laval suggère que *« lors de l'évacuation des familles juives de zone non occupée, les enfants de moins de seize ans soient emmenés eux aussi »*. (Serge Klarsfeld)[2]. Le transfert est effectué, mais pour arriver au chiffre prévu, il faut ratisser Nice, sa région, et rafler les juifs qui ne sont pas encore internés. Tous sont ensuite rassemblés à la caserne Auvare le 26 août 1942 et le premier convoi pour Drancy s'ébranle le 31 août. Si l'on peut parler de l'implication et du zèle dont fait montre l'administration du gouvernement de Vichy, la population niçoise semble plus partagée et si certains approuvent ces mesures, la majorité s'indigne notamment de l'arrestation des femmes et des enfants.

---

2. Nice, caserne Auvare, la rafle des juifs étrangers par la police de Vichy, le 26 août 1942.

Fin décembre 1942.
50 000 personnes sont déportées de France.

ROGER VIOLLET

Premiers départs de juifs vers les camps de concentration sous la conduite de gendarmes français.

Convois pour la mort

• 1942

41 951 juifs déportés, plus un minimum de 815 arrêtés dans le Nord et le Pas-de-Calais et déportés via la Belgique.

43 convois, tous à destination d'Auschwitz : 32 de Drancy, 6 de Pithiviers, 2 de Beaune-la-Rolande, 2 de Compiègne et 1 d'Angers.

30 946 déportés proviennent de la zone occupée et 11 005 de la zone libre. Environ 20 500 juifs ont été immédiatement gazés à leur arrivée à Auschwitz. 811 survivants dont 21 femmes en 1945.

• 1943

17 069 déportés, dont 12 539 gazés dès leur arrivée au camp d'extermination.

17 convois dont 13 à destination d'Auschwitz et 4 de Sobibor. En 1945, 340 hommes survivaient ainsi que 126 femmes.

• 1944

14 833 déportés de Drancy (à l'exception de 430 partis de Lyon le 11 août) en 14 convois, tous à destination d'Auschwitz, sauf 1 parti pour Kaunas et Reval. 9 902 gazés immédiatement.

En 1945, 521 hommes survivaient ainsi que 766 femmes. Il faut ajouter à ce nombre de déportés environ 400 épouses de prisonniers de guerre juifs déportées le 2 mai 1944 et le 21 juillet à Bergen-Belsen, les 360 juifs déportés de Toulouse et Saint-Sulpice, le 30 juillet, et les 63 juifs déportés de Clermont-Ferrand, le 22 août, plus les juifs déportés individuellement.

• AU TOTAL

75 721 déportés dont 2,7 % d'enfants de moins de six ans (2 044) et 11,6 % d'enfants de six à dix-sept ans (8 780), au total près de 11 000 enfants.

Plus de 9 700 déportés avaient plus de soixante ans. Près de 43 000 déportés sur 73 853 ont été immédiatement gazés. 2 566 survivants en 1945, soit environ 3 % des déportés ; moins d'un millier d'entre eux survivraient actuellement. Avec les 3 000 morts dans les camps avant la déportation et le millier d'exécutions de juifs, le bilan de la « solution finale » en France atteint 80 000 victimes.

Les nationalités les plus touchées par la déportation ont été les Polonais (environ 26 000), Français (24 000, dont plus de 7 000 sont des enfants nés en France de parents étrangers), Allemands (7 000), Russes (4 500), Roumains (3 300), Autrichiens (2 500), Grecs (1 500), Turcs (1 300), Hongrois (1 200). Au moins 85 % des juifs déportés de France ont été arrêtés par les forces de police françaises.

SERGE KLARSFELD.

(11 mai 1985.)

LE RÉSEAU MARCEL

AU DÉBUT DE L'ANNÉE 1943, un homme que rien dans sa vie ne prédestinait à une action de résistance, Moussa Abadi, rencontre l'aumônier des troupes italiennes, revenu momentanément du front russe, le père Penitenti. Ce dernier raconte les camps, les massacres, les exactions, les pogroms que subissent les juifs à l'Est.

Il emploie toute sa persuasion, sa foi, pour alerter, combattre le scepticisme de son interlocuteur, parler du sort que subissent ces malheureux sans distinction d'âge, de sexe, pronostiquant le plus sombre avenir à l'arrivée des Allemands. Il repart assister les soldats au front, d'où il ne reviendra pas.

LES PRÉMICES DU RÉSEAU MARCEL.

Est-ce ce jour-là, Moussa, que les paroles d'Azzour « *le savetier des va-nu-pieds* » te sont revenues en mémoire, prédisant : « *Toi aussi, tu trouveras un jour tes diamants… à condition de mettre ton savoir au service de Dieu et de tes semblables. Car un savoir qui ne contribuerait pas à alléger la peine des hommes serait aussi inutile qu'un monceau de joyaux enfouis au fond d'une jarre*[3] *?* » Moussa Abadi, bouleversé, retrouve sa compagne, Odette Rosenstock… Ils décident tous deux « *ne pas vouloir regarder passer la procession* », comme l'a énoncé Moussa lors de son interview avec Annette Wievorka[4], et choisissent d'aider les plus faibles, les plus vulnérables, les enfants.

Le temps a passé, les mémoires se sont un peu diluées, notamment en ce qui concerne la fiabilité des dates. Je ne peux situer les événements avec exactitude, mais seulement me servir des écrits existants et des dires de Moussa. À la fondation Don Bosco, à Nice, au cours de la remise des Médailles des Justes aux pères Blain et Siméoni, monsieur Salvat, ancien enseignant dans cet établissement, écrit : « *En 1942, après l'envoi d'un émissaire du cardinal Gerlier, archevêque de Lyon, auprès de son confrère, Monseigneur Rémond, évêque de Nice, il est question d'établir un front commun pour la protection des juifs dans ce département, une réunion secrète est donc organisée par le prélat, à laquelle vont participer le père Siméoni*[5] *et le père Blain*[6] ». Ce qui est notable est la mobilisation d'une certaine partie du clergé et l'implication future de monseigneur Rémond dans l'aide qu'il apportera au Réseau Marcel.

Les interviews de Moussa où il revendique « *le droit à l'erreur* » ne fixent pas les dates de façon formelle, mais qu'im-

---

3. Moussa Abadi, *La Reine et le Calligraphe.*
4. Historienne.
5. Directeur de Don Bosco (1937/1946).
6. Curé de Notre-Dame-Auxiliatrice.

porte si ces événements se sont déroulés le premier ou le second trimestre 1943 ? Dans *Carrefour,* journal niçois, du 16 novembre 1948, Morvan Lebesque écrit un récit reportage et précise : « *Quelles que soient les réactions du public devant ces révélations, et pour prévenir toutes tentations de scepticisme, nous tenons à affirmer au début de ce reportage que les moindres détails en ont été recueillis de source sûre et dûment vérifiés. Les principaux personnages de ce récit, encore vivants, en ont pris librement connaissance et l'ont autorisé et approuvé. Une enquête méticuleuse a été menée pas à pas sur les lieux de l'action, hors de toute considération sociale, politique ou confessionnelle. Enfin, il n'est pas une ligne qui ne corresponde entièrement à la vérité et ne puisse servir de témoignage, le cas échéant et de matériaux pour l'Histoire* ». Dans ce reportage, la rencontre entre Moussa et Don Penitenti se situe « un jour de juin 1943 ». On peut supposer qu'à la date du 16 novembre 1948, le combat mené par le Réseau Marcel est encore suffisamment proche dans le temps pour retenir comme probable, le début de l'action menée au deuxième trimestre de l'année 1943.

LE RÉSEAU MARCEL DANS L'ESPRIT DE L'OSE.
« C'ÉTAIT TOUT UN PROGRAMME, ET IL ÉTAIT SIMPLE »...

Comment parler du Réseau Marcel sans mentionner l'OSE et sa trajectoire ? L'Œuvre de Secours aux Enfants, fondée en 1912 en Russie, a fait montre d'une grande activité durant la guerre de 1914-1918 auprès des réfugiés juifs. Après la fin des hostilités, plus de mille institutions furent créées vers l'Ouest (Pologne, Lituanie, Lettonie et Roumanie), qui assuraient la protection de *« l'enfance du premier âge à l'adolescence »*[7].

Peu à peu ce travail de l'OSE est étendu en Allemagne, (à la suite de l'avènement du national-socialisme), puis en Angleterre et en France. La branche française de l'OSE a comme objectifs l'assistance médicale et sanitaire. L'accent est porté sur l'assistance à l'enfance. L'OSE a ouvert quatorze maisons d'accueil qui virent transiter près de mille enfants. Malgré les circonstances, ils purent bénéficier d'une instruction scolaire, passèrent des examens ou apprirent différents métiers[8]. Cependant, ces *homes* d'enfants fonctionnant au vu et au su de tous étaient des cibles faciles à identifier. *« Dès le 26 août 1942, ils furent cernés par des détachements de gendarmes et de Gardes Mobiles français qui arrêtèrent un certain nombre d'adolescents de plus de seize ans d'origine allemande, autrichienne, tchèque et polonaise venus en France pour fuir la persécution hitlérienne. »*[9]

Ces centres, qui devaient assurer la protection des enfants, se transformaient en pièges, et la direction de l'OSE, en la personne du docteur Joseph Weill, décide la mise en place d'un réseau clandestin dont l'organisation est confiée à Georges Garel, guidé par le seul objectif de sauver les enfants et d'assurer au maximum leur sécurité. Celui-ci s'appuie sur la nécessité de disperser les enfants dans des milieux non juifs où ils ne seraient pas connus en tant que tels, et d'aryaniser leur nom.

---

7 et 8. *Les Activités des organisations juives en France sous l'occupation allemande.*

9. L'OSE sous l'occupation allemande en France, 1940-1944.

Un rapport sur l'année 1943-1944, adressé par Moussa à Georges Garel, fait état de la rencontre de ces deux hommes : « *Vous souvenez-vous de notre rencontre à Nice en août 1943 : un petit glacier de l'Avenue de la Victoire, deux hommes qui se voient pour la première fois, qui se comprennent à demi-mot, se tendent la main et se disent : d'accord. Une seule phrase m'a suffi pour savoir que je pouvais compter sur vous. Vous m'avez dit en me regardant dans les yeux : marchez, faites le nécessaire, quant aux consignes, je n'ai pas à vous en donner. Une seule, cependant. Il ne faudrait pas qu'un enfant puisse un jour, tomber entre les mains de la Gestapo pour une misérable question d'argent. C'était tout un programme et il était simple. Vous avez quitté Nice et j'ai commencé mon travail de prospection dans tout le département.* »

« *C'était tout un programme et il était simple* »... Je ne peux m'empêcher de reprendre cette phrase, si modeste qu'elle envahit tout l'espace pour illustrer la grandeur de la tâche que se sont fixés Odette et Moussa. Alors, « *tout simplement* », tous les deux, vous êtes entrés en Résistance.

Par l'intermédiaire d'un père jésuite (sans extrapolation aucune, on ne peut que noter l'importance des rencontres que fit Moussa avec cet ordre religieux), Moussa sollicite et obtient un rendez-vous avec Mgr Rémond, évêque de Nice. Il faut se souvenir que malgré ses liens d'amitié avec Pétain, ce prélat désapprouve la politique de collaboration avec l'ennemi, qu'il a dénoncé le racisme hitlérien, et ce depuis 1933.

Aumônier des troupes françaises dans la Ruhr après la guerre de 1914-1918, décoré de la croix de guerre et titulaire de la légion d'honneur, il ne cache pas son patriotisme et son opposition aux troupes d'occupation. Il est intronisé évêque de Nice le 8 juillet 1930.

1933-1939 : ses prises de position furent l'objet de nombreuses interventions écrites et d'homélies sur la crise internationale, tant sur le plan économique que moral, fustigeant le désir des hommes de s'enrichir rapidement, leur manque de scrupules ainsi que la progression de la malhonnêteté et de l'égoïsme. Mais sa plus profonde inquiétude résidait dans son analyse sur la montée du nazisme. Il condamna les premières mesures anti-juives prises par Hitler dès son arrivée au pouvoir en janvier 1933.

Mgr Rémond pris publiquement position lors d'un sermon prononcé le 9 avril 1933 en l'église du Sacré-Cœur, où il condamna *« les persécutions pour cause de religion »*. Il exprima à la communauté juive sa *« douloureuse sympathie »* et affirma *« son désir d'adoucir leurs peines et les aider moralement et matériellement »*.

Il accorda son appui à plusieurs groupes de défense et d'entraide juifs. Il soutint une réunion publique organisée par Bernard Lecache (président de la Ligue internationale contre l'antisémitisme) en s'y faisant représenter.

Après quarante-huit heures de réflexion et fort de l'assertion de Moussa qu'aucune arme ne sera utilisée, Monseigneur Rémond accepte d'aider Odette et Moussa dans leur entreprise et offre au Réseau Marcel l'hospitalité à l'évêché avec un bureau au rez-de-chaussée ouvrant sur le jardin (propice à la fuite) et l'aide de ses collaborateurs les plus proches mis dans la confidence. Il donne la liste des écoles, internats et couvents du diocèse, nomme Moussa « Inspecteur de l'Enseignement libre pour le diocèse de Nice » et Odette assistante sociale chargée de l'évacuation des enfants de Nice en cas de bombardement. Titres qui leur permettront de circuler plus librement et d'avoir une couverture.

Odette rencontre les maires et les pasteurs Évrard et Gagnier, qui mettront à sa disposition des listes de familles susceptibles d'accueillir des enfants. Le pasteur Évrard, de l'Église baptiste de Nice au 13 rue Vernier, reçoit dès 1930 des enfants juifs réfugiés d'Allemagne et d'Autriche fuyant l'antisémitisme de leur pays. Dès 1940, il prend position en chaire contre les mesures anti-juives du gouvernement de Vichy (en exhortant ses paroissiens dans cette voie). Il rejoint la Résistance dès l'arrivée des Allemands en zone sud et coopère avec de nombreux réseaux. Sa femme et ses deux fils, Louis et Daniel, participent activement à ces actions.

Le pasteur Gagnier, libéré de ses obligations militaires au cours de l'été 1941, est nommé à Nice pasteur de l'Église réformée, et ce jusqu'en 1953.

Pendant les années d'occupation, cet homme de courage, en accord avec ses convictions et le soutien sans faille de son épouse, n'a pas hésité à cacher des juifs dans le presbytère et dans le temple. Presbytère devenu une annexe de faux papiers (une pièce était à la disposition de la Cimade[7] pour leur fabrication). Pierre Gagnier fut lui-même très actif dans la confection de cartes d'identité, cartes d'alimentations, lieux de « cache », dans la fourniture de vivres, d'argent, de complicité d'évasion. Il rencontre Moussa et

---

10. *Cimade : association œcuménique créer en 1939 pour venir en aide aux personnes déplacées.*

quelques enfants du Réseau Marcel seront cachés grâce aux familles sollicitées par le pasteur Gagnier. Il faut agir avec circonspection, Odette doit se faire discrète et ne pas baisser la garde, les dénonciations étant possibles. Toujours dans son rapport, Moussa écrit : « *Visites difficiles, dangereuses, aléatoires. Il fallait s'adresser à des personnes sûres, poser des questions prudentes, ne jamais se découvrir avant d'avoir des garanties suffisantes. Les curés et les Maires, les maîtres d'écoles et les notables de certaines communes nous ont vu défiler devant eux, poser quelques questions sur la possibilité d'hébergement dans leur commune. Nous inscrivions nos renseignements avec le secret espoir qu'ils ne serviraient jamais. Nous étions en août 1943, le midi de la France était encore sous l'occupation italienne. Certes on prévoyait la débâcle de la "sœur latine" à brève échéance, on voulait encore espérer que cette partie favorisée du pays ne connaîtrait ni la Gestapo, ni les tortures, ni les déportations en masse.* »

FIN DE L'EXCEPTION ITALIENNE POUR LES JUIFS. ALOÏS BRÜNNER À NICE.

Le 3 septembre 1943 l'Italie signe secrètement l'armistice.

Le gouvernement Badoglio s'engage à ne pas la rendre publique avant le mois d'octobre pour permettre la réalisation d'un plan d'évacuation des juifs. En effet, Angelo Donati, homme d'affaires d'origine italienne, négocie la location de quatre navires pouvant transporter de 20 000 à 30 000 personnes en Afrique du Nord, via l'Italie.

Tout semble possible, les pourparlers secrets entre Donati, les Alliés et le futur ministre de l'Intérieur italien

M. Bonomi, permettent de trouver un accord pour un transfert massif des réfugiés vers l'Italie avec de faux papiers.

Contre toute attente, le 8 septembre 1943 à 18h30, le Général Eisenhower, sans en informer le gouvernement italien, publie la nouvelle de l'Armistice. Les Italiens se retirent précipitamment essayant d'emmener avec eux un maximum de réfugiés, mais en laissant un grand nombre de juifs à la merci des Allemands. Le 10 septembre 1943, le tristement célèbre Aloïs Brünner et la Gestapo entrent dans Nice pour poursuivre leur macabre chasse aux juifs.

Ils arrêtent ceux-ci sans discrimination de sexe ou d'âge, malades ou non. Ils fouillent les hôtels, les maisons, les hôpitaux. C'est une véritable chasse à l'homme qui s'opère, avec violence, hargne et haine. Moussa et Odette entrent en clandestinité, et deviennent Monsieur Marcel et Sylvie Delatre : ils sont prêts.

Moussa, Odette et Monseigneur Rémond à Nice.

Un centre de ramassage est provisoirement installé dans les locaux de l'OSE : 140 enfants y sont recueillis les dix premiers jours. « *Les voitures de la Gestapo sillonnaient les artères de Nice, leurs indicateurs étaient déjà à pied d'œuvre, et la plus légère imprudence aurait entraîné l'arrestation de dizaines d'enfants que nous nous étions juré de sauver. Chaque jour de ce sinistre mois de septembre nous apportait d'autres enfants abandonnés, recueillis par des voisins, des épicières du coin, des crémières, des concierges. Il nous fallait les prendre en toute hâte et les placer tant bien que mal, mais aussi les rassurer, les consoler du départ précipité de leurs parents, les yeux rougis, les traits tirés, privés soudain de leur enfance.* » Le travail est énorme, la panique à son comble. Plusieurs établissements s'ouvrent et se referment, protecteurs de ces petites victimes : l'institut Sainte-Marthe, le pensionnat Jeanne-d'Arc à Grasse, l'institut Maison-Blanche, le pensionnat des Clarisses, l'institut Don-Bosco, le collège Serano à Nice, mais aussi la Maison des Enfants, préventorium de Grasse, mais aussi les familles…

La direction de l'OSE dépêche auprès d'Odette et Moussa une assistante sociale pour les aider : Huguette Wahl, alias Odile Varlet. Malheureusement, filée par la Gestapo, elle sera arrêtée et quittera Nice le 14 novembre, puis elle sera déportée le 20 novembre 1943 de Drancy. Elle faisait partie du convoi numéro 62 ; mes parents y étaient aussi. Depuis que j'ai découvert ce fait, je caresse l'espoir qu'ils aient pu se parler, qu'Huguette Wahl ayant connaissance de mon placement a pu rassuré ma mère… Un convoi de 1 200 personnes entassées durant cinq jours de voyage épouvantable, quatre-vingt-trois enfants de moins de douze ans, cent soixante-quatre de moins de dix-huit ans... qui n'ont pas eu la chance de croiser le Réseau Marcel. J'aurai pu être des leurs.

LA DÉPERSONNALISATION.

Dans l'enclos des Clarisses il y a une petite maison que Moussa utilise pour « re-créer » des identités aux enfants,

Dans le jardin du couvent des Clarisses : la maison de la dépersonnalisation.

convaincre les plus grands que leur nom n'est plus celui par lequel ils s'inscrivent dans une histoire familiale, qu'ils naissent ce jour d'apprentissage avec comme nouveau vêtement un prénom, un nom jusqu'alors inconnus. Être brutalement séparés de leurs parents, cela n'était pas suffisant, être plongés dans l'angoisse de la clandestinité, face à cet homme qui, inlassablement, leur répétait *« tu ne t'appelles plus de ce nom qui fut le tien, mais voici celui auquel tu dois répondre désormais »* n'était pas encore le bout de l'effort à accomplir. Il fallait apprendre la leçon et, avec cette connaissance instinctive de l'Enfance, percevoir le danger. Mais il fallait aussi enfermer son secret en soi, entrer dans la résistance, devenir un Enfant Caché. Pas de partage possible avec « la meilleure amie », pas de confidences le jour où le cœur est trop gros. Comment faire exister l'absence, donner corps aux disparus, risquer des mots sur l'indicible ? L'enfant devait permettre à Moussa de devenir « un voleur d'identité ». À part cet enfant, qui pourra jamais dire les traces laissées sur son âme, culpabilité interrogative d'avoir à se dépouiller de ce bien précieux offert par ses parents le jour de sa naissance ? Comment a-t-il réparé cette blessure, et a-t-il pu le faire ? Comment, après la guerre, a-t-il réussi à se rassembler, et l'a-t-il fait de façon définitive ? Quelles ont pu être les résurgences de ces moments où la contrainte fut violence ? Enfants Abadi, cette page blanche dans ce recueil est là, pour vous… Parfois, les mots s'échappent, la confidence intempestive arrive : il devient urgent de trouver une autre cache, nouvelle rupture, nouvelles angoisses, autres traces.

En novembre, cent quatre-vingts enfants « sont tirés d'affaire ». Une fois cachés, il faut aussi assurer leur entretien, leur fournir des cartes d'alimentation. Moussa rappelle également : *« Je me suis mis en rapport avec certains hauts fonctionnaires du service de ravitaillement et de rationnement de la ville de Nice. En accord avec les autorités préfectorales et diocésaines, le service du ravitaillement me promît son concours pour la confection de ces fausses cartes d'alimentation. J'ai dû faire un véritable stage auprès de certains responsables du rationnement pour apprendre à faire une carte d'alimentation : numéro, adresse, cachet, date de délivrance, tout devait être fait selon la "légalité". Après quelques jours de difficultés et de tâtonnement, je mis sur pied un service de fausses cartes d'alimentation destinées uniquement aux enfants de moins de quinze ans. Chacun d'eux était pourvu d'une nouvelle carte et cela, dans les vingt-quatre heures qui suivaient son placement. Cartes vierges fournies par Monsieur Broch, à l'époque Directeur adjoint du Service de Rationnement de la ville de Nice.* »

Moussa, faussaire averti certes, mais qui initia Monseigneur Rémond, complice parfois de cette opération ! Une autre aide précieuse lui est apportée par le préfet des Alpes-Maritimes, monsieur Escande, qui lui fournit un sauf-conduit attestant de sa religion musulmane : il n'est donc pas soumis à la réglementation qui concerne les juifs.

Outre cacher et nourrir ces enfants, il fallait les vêtir, leur fuite précipitée ne leur ayant évidemment pas permis d'emporter une valise. Un premier vestiaire clandestin constitué fut découvert un mois plus tard par la Gestapo, puis un second, fonctionnant jusqu'en avril 1944, subit le même sort. Il fallait également payer la pension des enfants, assumer les soins médicaux si nécessaire, les petits achats. Une aide était apportée par les Quakers américains sous une forme alimentaire, et financièrement par le Joint Distribution Committee (association caritative juive américaine) représentée par Maurice Brenner que Moussa rencontre lors de ses déplacements à Paris.

Cacher, nourrir, vêtir, faire vivre pendant cette période, mais aussi penser « l'après, l'espoir ». Par sécurité, les parents ignoraient la cache de leur enfant et afin de pouvoir les réinsérer dans leur famille à la fin des hostilités, des fiches signalétiques furent constituées avec photo de l'enfant, date et lieu de naissance, nom des parents, des frères et sœurs, des personnes ayant confié cet enfant au Réseau. Fiches établies en trois exemplaires : un jeu caché dans le jardin de l'évêché, un autre mélangé aux papiers dans le bureau de travail, le troisième enfin, acheminé dès que possible vers la Suisse auprès de la Croix Rouge. Grâce à la centaine retrouvée et publiée, nous avons pu pour certains nous réapproprier une partie de notre histoire, refaire un chemin inconnu pour beaucoup d'entre nous.

Odette parcourt tout le département et les quelques enfants dont la mémoire des événements reste vive se souviennent de l'attente dans laquelle ils étaient de la venue de « Mademoiselle » et de ce qu'elle leur dispensait d'attentions, de regards, de disponibilité. Jeannette se rappelle la sortie au salon de thé, la séance chez le coiffeur, faites avec Françoise. Temps hors du temps qui leur faisait croire un moment à une vie redevenue normale. Elle garde l'image de Marthoune se pelotonnant sur les genoux d'Odette, elle se souvient de ce qu'elle sentait comme étant de « l'exceptionnel », du caractère confidentiel de qui était « Mademoiselle », de la nécessité absolue du secret de son identité. Comme Perec, elle aussi pourrait égrener les *« je me souviens » :* de l'interdiction de prononcer le vrai nom de Sylvie Delatre, (interdit qui lui faisait choisir avec Françoise d'essayer de dormir à tour de rôle pour ne pas se trahir dans le sommeil), de la lourdeur de cette situation où quatre petites filles n'avaient d'autre choix pour supporter cette situation que d'être accrochées les unes aux autres dans un bloc monolithique où personne ne pouvait pénétrer. Mais contrairement à ce que croyaient ces fillettes, elles n'étaient pas le seul souci d'Odette qui quittait l'institut Jeanne-d'Arc à Grasses pour visiter d'autres enfants à Cannes, Maganosc,

Gréolière, Thorenc, Nice, donnant à chacun d'entre eux ce qu'il attendait, empruntant les transports en commun, bravant le froid, les intempéries, la Gestapo, la milice, jusqu'au matin du 25 avril 1944 où cette dernière fit irruption, brutale, au 6 rue Gounod à Nice.

Mais revenons un peu en arrière dans cet aller-retour que les événements narrés nous imposent, partons à la découverte de ces êtres qui ont en partie fait l'Histoire.

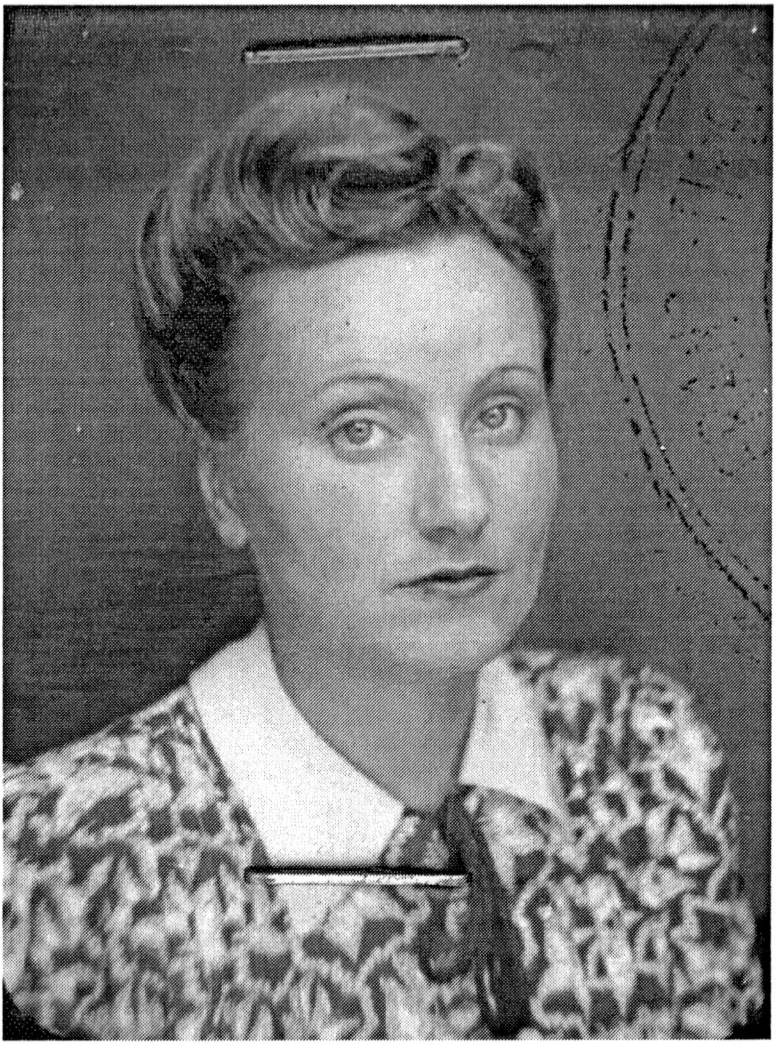

Odette en 1944.

ODETTE

QUI ES-TU ODETTE, toi que j'ai approchée avec tant de précautions ? Quels furent les horizons qui bercèrent ton enfance, ton adolescence ? Quels furent tes engagements ? C'est maintenant, après ta mort, que je peux partir à ta rencontre : tu m'as livré au gré de nos conversations des bribes de réflexions, sans que jamais je n'ose te questionner.

Maintenant tu fais partie de cette armée des ombres qui me hante, évanescente ayant emporté ses secrets. Alors, penchée sur les documents qui te survivent, avec l'aide de certains de tes amis questionnés, je re-tricote ton histoire avec les blancs que forcément elle laisse.

LES PREMIÈRES ANNÉES, UNE FAMILLE EN FRANCE.

L'extrait n° 344495 des Minutes des Actes de naissance délivré par la mairie du IIe arrondissement, dit : « *Le vingt-quatre août 1914, est née Odette, de sexe féminin, fille de Camille Rosenstock et de Marthe Irma Legendre. Mariée à*

Paris, XIIe arrondissement le trois novembre mil neuf cent cinquante neuf avec Moussa Abadi. Cet extrait trop ancien trouvé dans les papiers d'Odette ne mentionnait pas le décès le vingt-neuf juillet 1999. Entre ces deux dates, une vie riche, exemplaire, droite, sans concessions à sa notion de l'éthique, à l'image du personnage.

Odette ressemblait à un chêne : racines profondes, force développée dans une silhouette gracile, ancrée dans la certitude de l'Honneur, sans compromissions, exigeante avec elle-même, avec ceux qu'elle avait choisis autour d'elle, mais aussi indulgente quant à leurs faiblesses. Issue du côté paternel d'une famille venue d'Europe de l'Est faisant commerce de chevaux et installée en Alsace. Son grand-père, Samuel Rosenstock, voit le jour à Sourbourg (commune de Wissembourg, Bas-Rhin) le 7 octobre 1844 (le maire lui établira un certificat de moralité lorsqu'il quittera ce lieu le 22 septembre 1863). Il épousera Florette Weil, née à Bischheim le 6 décembre 1844. De cette union naîtra à Bischheim, le 27 novembre 1882, Camille qui épousera le 10 septembre 1912 Marthe Irma Legendre, née le 1er février 1889 à Paris (XIIe). Ils demeureront 14 rue du Pont-aux-Choux ; Camille est représentant, Marthe employée de commerce.

Du coté maternel, le grand-père d'Odette, André-Marie Legendre, est né le 6 octobre 1851 à Mayenne. Il épouse Marguerite Cahen, née à Delme (Meurthe), le 9 juillet 1851. André-Marie, relieur de son état, parcourait la France comme Compagnon et Marguerite Cahen était retoucheuse de photographie. Ils demeuraient au 225 rue de Charenton. De cette union naquit la mère d'Odette. Après leur mariage, les parents d'Odette s'installent rue Saint-Joseph et créent une petite entreprise de confections de tabliers. Ils seront aidés par Gabriel Cahen et son épouse, oncle et tante maternels de Marthe, qu'ils ont en partie élevée après le décès de la mère de celle-ci.

Les Rosenstock accueilleront quatre ans après Odette, une petite Simone : les liens familiaux chaleureux dispensent une atmosphère de bien-être. Famille élargie par les relations entretenues avec les employées, qui feront, même après leur retraite, l'objet d'attentions de leurs patrons.

Odette, Simone et ses parents.

Odette naît dans ce Paris du Sentier, quartier qui fera d'elle à jamais la « *Parisienne* » à qui la banlieue paraîtra le bout du monde, presque inaccessible ! Elle va à l'école primaire rue Dussoubs, puis au lycée Lamartine, où elle suit sa scolarité jusqu'au baccalauréat, qu'elle présente en 1933. Elle n'est pas déterminée quant aux études qu'elle désire poursuivre, mais souhaiterait une carrière internationale, voyager. Elle s'essaie quelques mois en Faculté de Droit, mais cette matière la rebute. Elle se dirige alors vers la médecine.

Famille maternelle d'Odette.

DE L'INFLUENCE DES ÉVÉNEMENTS POLITIQUES.

Après la fin de la guerre de 14-18 la mise en sommeil de l'antisémitisme pendant presque une décennie permet l'émergence de talents divers : peintres, philosophes (Bergson reçoit le prix Nobel en 1927), hommes politiques, juifs certes, mais d'abord français, prennent place au sein de la société, et pas seulement en France. Les juifs du monde occidental s'imposent. Albert Einstein, Sigmund Freud, Franz Kafka, Marc Chagall, marquent à l'égal de nombreux scientifiques, artistes, écrivains et médecins cette période.

La LICA (Ligue Internationale Contre l'Antisémitisme), créée par un groupe d'avocats et de journalistes juifs, dirigée par Bernard Lecache fait état dans ses premiers textes qu'en France, l'antisémitisme ne sévit plus.

Cet état de grâce ne dure pas et des écrits sont édités imputant aux juifs le dessein de dominer le monde !

Nous sommes au début des années trente, la situation économique de la France est mauvaise, le nombre de chômeurs augmente et ce sont les juifs qui, de nouveau, sont désignés comme coupables. Le nuage antisémite s'enfle et s'étend recouvrant la société, réponse peut-être à l'agitation qu'essaye d'instaurer depuis 1927 à Berlin Joseph Goebbels. Hitler incarcéré à la forteresse de Landsberg Am Lech (Bavière) pour tentative de coup d'état, rédige durant ses huit mois d'incarcération (entre 1923 et 1924) *Mein Kampf*. Parution successive de 2 tomes en juillet 1925 puis en décembre 1926 dans laquelle il définit entre autres, sa vision de l'Allemagne s'il était élu. Mais, si son parti ne représente que 2,6 % aux élections législatives du 20 mai 1928, il remporte les élections en 1933. Cependant, l'économie se détériore dans le monde et la France n'échappe pas à la montée d'un mécontentement profond (crise de 1929).

Odette, jeune fille laïque, se sent beaucoup plus concernée

par son judaïsme. Elle doit faire face aux réactions hostiles qui s'expriment de plus en plus fortement et ce, depuis la victoire du national-socialisme en Allemagne (1933). La constitution du Front Populaire et la nomination de Léon Blum en qualité de Président du Conseil déchaînent la fureur et la haine.

Des écrits antisémites fleurissent : les journaux comme *Je suis partout, Gringoire,* affichent de virulents pamphlets contre les juifs. Urbain Gohier, ancien dreyfusard, et Jean Drault, diffusèrent tous deux dans le journal *La Vieille France* les Protocoles des Sages de Sion. Des hommes politiques, des écrivains célèbres mélangent leurs plumes et font chœur : Darquier de Pellepoix, Alphonse de Châteaubriant qui dans son écrit *Gerbe des Forces* rend hommage à Hitler. Céline s'impose comme le chantre de ces voix haineuses.

Odette, 20 ans.

Premier engagement politique… et rupture de sa vie professionnelle.

Odette n'est affiliée à aucun parti politique, mais elle participe à l'Histoire de son temps : elle assiste à des débats, à des réunions. Secrète, modeste, Odette a très peu évoqué ce qu'elle était. Quelques mots pour se définir adolescente : entière, passionnée, révoltée par l'injustice, absolutiste ; n'est-ce pas suffisant à ceux qui l'ont connue pour voir se dessiner cette toute jeune fille de 23 ans ? L'hostilité ambiante lui donne la nécessaire notion du groupe, l'importance de se « serrer ». Sans avoir été religieuse, elle se reconnaît dans la rigueur et l'exigence du judaïsme. Elle décide de passer à l'action et part avec la Centrale Sanitaire Sociale à la frontière espagnole (1938). Elle verra principalement les camps de Perpignan et d'Argelès, participera à l'accueil des républicains espagnols, les dirigeant vers les hôpitaux et apportant les premiers soins. Les camps sont gardés par des tirailleurs sénégalais, mais Odette, missionnée, n'hésite pas à tromper leur surveillance avec pour toute arme une blouse blanche à la main qui lui servira à faire sortir de ce camp la personne désignée.

Cependant, Odette a quitté son stage hospitalier, n'ayant pas terminé ses études, sa thèse non encore soutenue. Elle revient dans la capitale, retrouve son chef de service, Monsieur Laporte, qui pour la protéger l'avait déclarée en vacances. Le 1er juillet 1939, Odette présente sous la direction du Professeur Tanon sa thèse « *Notes sur les Jouets et la Protection des enfants* ». Au cours de cette année 1939, elle obtient également un diplôme de l'Institut d'hygiène de

Paris et un certificat d'aptitude à l'inspection médicale des écoles et au contrôle de l'éducation physique. C'est aussi en décembre de cette année 1939 qu'Odette fait la connaissance, chez une amie de faculté, Olga, de Moussa Abadi…

Lancée dans la vie active, Odette remplace un médecin à Vanves, un autre à Condé-en-Brie. Elle est nommée inspecteur médical de la Sécurité sociale aux centres d'évacuation des enfants des écoles de la ville de Paris jusqu'en mai 1940, puis médecin inspecteur des écoles du Loiret à Montargis, où le statut des juifs la rattrape et l'exclut du cadre professionnel.

C'est à cette période que Moussa, pédalant depuis Paris, vient la voir avant de continuer sa route sur Vichy. La mère et la sœur d'Odette la rejoignent quelque temps, puis ensemble, elles reviennent à Paris. Un Paris occupé, dont l'atmosphère se modifie et où certaines de leurs connaissances ne veulent plus leur adresser la parole !

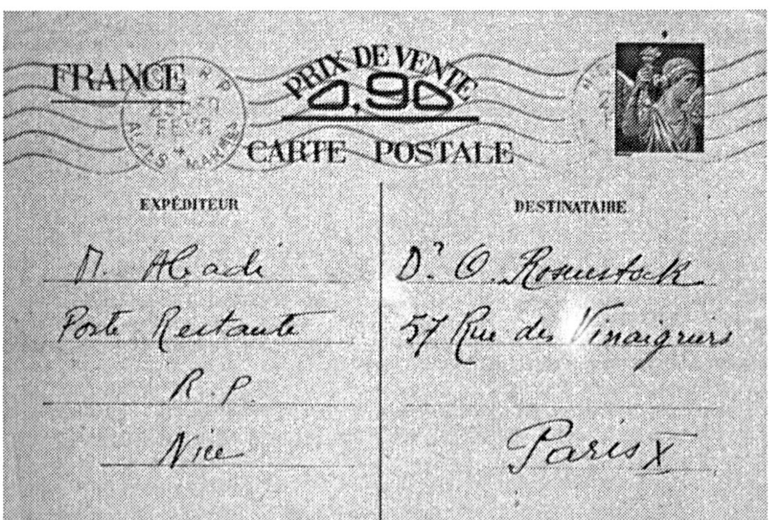

Carte Interzone.

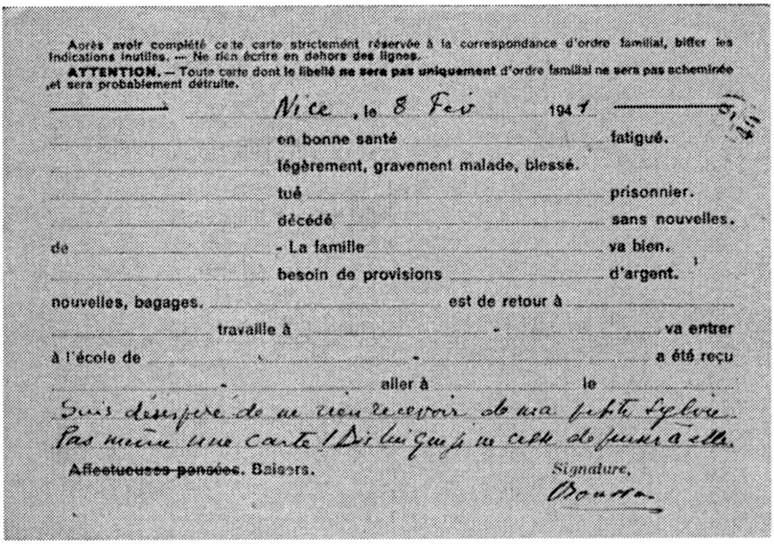

Après avoir complété cette carte strictement réservée à la correspondance d'ordre familial, biffer les indications inutiles. — Ne rien écrire en dehors des lignes.

ATTENTION. — Toute carte dont le libellé **ne sera pas uniquement** d'ordre familial ne sera pas acheminée et sera probablement détruite.

Nice, le 8 Fév 1941

en bonne santé ... fatigué.

légèrement, gravement malade, blessé.

tué ... prisonnier.

décédé ... sans nouvelles.

de ... - La famille ... va bien.

besoin de provisions ... d'argent.

nouvelles, bagages. ... est de retour à ...

travaille à ... va entrer

à l'école de ... a été reçu

aller à ... le

Suis désespéré de ne rien recevoir de ma petite Sylvie

Pas même une carte ! Dis lui que je ne cesse de penser à elle.

~~Affectueuses pensées~~. Baisers.

Signature,

Moussa

Carte interzone adressée à Odette par Moussa.

Odette travaille comme vacataire dans des dispensaires juifs, soignant principalement les ressortissants étrangers. Dispensaires fermés par la suite car devenant dangereux pour ceux qui les fréquentent. Odette a des nouvelles de Moussa grâce aux cartes interzones et décide d'aller le rejoindre à Nice ; nous sommes en novembre 42.

La rencontre décissive.

Elle n'a aucune ressource, vend le peu qu'elle possède, trouve un emploi de manutentionnaire dans une parfumerie dont elle se fait renvoyer, elle est juive ! Elle accepte de travailler la nuit auprès d'enfants dans une clinique. Elle rencontre une jeune femme médecin qui consulte dans un dispensaire, avenue Georges-Clemenceau, avec qui elle sympathise. Ce médecin a pour projet de quitter Nice et décide d'informer Odette sur le fonctionnement de l'établissement pour qu'elle puisse la remplacer : ce qui fut fait le matin où elle ne vint plus. Bien qu'étant en zone libre Odette a la notion du danger et de la précarité de sa situation. C'est dans cette tension, au premier semestre 1943, que Moussa rencontre le père Penitenti, qu'il prend contact avec Monseigneur Rémond et que, associé à Odette, ils entreprennent la création du Réseau Marcel, (opérationnel dès le 10 septembre 1943) jusqu'au fatidique matin du 25 avril 1944. C'est aussi en septembre 1943 que Simone et madame Rosenstock seront arrêtées sur la ligne de démarcation en voulant rejoindre leur père et mari en zone libre.

L'ARRESTATION…

Dans son témoignage d'avril 1995 avec Annette Wievorka[11], Odette relate son arrestation…

Interpellée à son domicile par la milice, le 25 avril 1944 à six heures du matin (elle a le temps de détruire les rares papiers compromettants en sa possession avant son départ), elle est conduite pour son premier interrogatoire à l'hôtel Excelsior. Dans ce récit, mais pourquoi faire du particularisme, n'est-ce pas ce qui l'a caractérisé toute sa vie, Odette, modestement, fait état de « *quelques gifles, de bousculades et ne veut pas se perdre en détails inintéressants* ». Elle est ensuite conduite à l'hôtel l'Hermitage où les interrogatoires sont

11. Historienne.

alternativement brutaux, puis presque amicaux, prometteurs de liberté en échange de renseignements. Odette ne fléchit pas ; elle supporte le froid et l'humidité de la cave, elle attend. Elle sait qu'elle est en prison, et qu'arrêtée, il y a *« comme un grand trait qui se trace et la sensation que notre vie est finie, qu'une autre chose commence. On se met dans la peau de quelqu'un qu'on arrête, qui doit se défendre et surtout défendre ceux qui restent de l'autre côté du mur »*[12]. Arc-boutée à la mission qu'elle a choisie, fidèle à son idéal de liberté, rempart entre la barbarie et « ses gosses », elle savait qu'elle supporterait la torture, les simulacres d'exécution sans trahir, sans parler, *« sûre de ma volonté : c'était normal »*, dans la seule crainte d'avoir à affronter la contrainte chimique qui ferait céder le barrage. Récit édulcoré, concis, ramassé. Digne, Odette ne trouve pas que relater les faits intervenus dès son arrestation *« soient Le Sujet »* !

LE DÉPART.

Nous ne pouvons qu'imaginer ce qu'une jeune femme de 29 ans a pu éprouver de désarroi, de peur, de souffrance, de détermination jusqu'au départ vers Drancy le 2 mai, *« dans un train de voyageurs »*. Départ qui la soulage, n'ayant plus la crainte des interrogatoires ni celle de trahir « Monsieur Marcel ». Elle pense que les Allemands ont mal travaillé car ils auraient dû le trouver, forts des renseignements qu'ils avaient en leur possession. Réflexion que ceux-ci se sont

---

12. In : *Terre de détresse ;* éditions L'Harmattan.

fait, un télégramme de la Gestapo de Nice en date du 16 mai 1944, réclame *« la reprise d'un interrogatoire de la juive Rosenstock »* alors qu'Odette vient de quitter Drancy. Elle se dit *« pas trop épuisée, grâce à une vie active »*, et part de Nice en s'occupant de deux enfants. À son arrivée à Drancy, elle retrouve des connaissances, entend parler des gazages dans les camps à l'Est, et refuse d'y croire, comme tous les autres. Elle reste à Drancy dix-sept jours : *« Lorsqu'on préparait un départ, on isolait par des barbelés, à l'intérieur même du camp, le corps de bâtiment où logeaient ceux qui allaient être déportés. C'est ce que l'on fit le soir du 19 mai 1944, et nous, les enfermés, nous comprîmes aussitôt que nous étions devenus le "Transport de 1 200". Cette nuit nous appartenait encore, pour nous souvenir de ce qu 'avait été notre vie, et pour examiner pourquoi et comment nous avions tout perdu… »*[13]

Trois jours de voyage avec la responsabilité de soixante personnes dont quinze enfants, dans un wagon à bestiaux, sur la paille, un seau comme W.-C., l'espace séparé par une couverture pendue. Temps au cours duquel Odette se sent en charge des autres, où elle prend toutes les décisions, joue l'arbitre, apaise les craintes et les angoisses.

Puis, au troisième jour à l'aube, le sinistre bruit des portes qui coulissent, les hurlements, les files séparées femmes, hommes, le regard crâne en passant devant le SS au cours de la sélection : matricule A05598. *« J'avais l'impression de naître le jour de ma déportation. Il y avait la femme qui vivait auparavant, et la femme qui vivait pendant la déportation. »*[14]

---

13. *Terre de Détresse*, p. 15.
14. Enregistrement par Annette Wievorka, juin 1995.

LES CAMPS.

À ce stade de mon écrit se pose la question pour moi de continuer à raconter. Mais raconter, comment ? Odette a mis plus de quarante ans pour le faire. Elle a écrit *Terre de Détresse,* que vous tous, pouvez, devez lire. Ces événements, elle les a vécus, et je ne pourrai qu'être en redite. Je voudrais être capable de faire sortir du néant cette frêle jeune femme. Vous faire sentir sa détermination, sa volonté, son esprit de décision, son efficacité en tant que médecin remettant une rotule déboîtée dans des circonstances peu orthodoxes. Je voudrais vous la donner *« à voir »* à Auschwitz, puis à Bergen-Belsen, responsable du *« Rewier »*[15], soignant jusqu'à la limite de l'épuisement, avec un minimum de moyens, avec cette énergie dont elle ne se départ pas, cette compassion dont elle fera toujours preuve.

Mais je voudrais surtout que vous reteniez l'image d'une femme qui a su garder, pendant les trois cent quatre-vingt jours de sa captivité, ce dont les barbares nazis voulaient la déposséder : sa dignité d'être humain.

En loques ou nue, battue, tremblante de froid lors des interminables appels, elle est restée debout. Elle n'a pas hésité à enfreindre le règlement pour aller dans les zones interdites, le block des gales, le block où étaient enfermés les malades les plus faibles après la sélection et avant de *« sortir par la cheminée »*, mais surtout, elle est restée libre, cabrée dans sa volonté de survivre. À Bergen-Belsen elle n'a pas eu peur, malgré son 1 m 56 de se battre physiquement contre

15. Infirmerie du camp.

Greta l'infirmière allemande qui voulait empêcher les détenues atteintes de dysenterie de sortir momentanément de leur wagon, de la poursuivre lorsqu'elle insulte Anne-Marie une co-détenue... Elle a pu continuer à ressentir l'Amitié, la Compassion, le Dévouement, l'Altruisme. Elle a pu laisser couler des larmes devant la Mort, la souffrance d'Autrui.

Des larmes en de telles circonstances, pour les Autres combien en ont été capables ? Elle a pu donner une de ses soupes, puisqu'en tant que médecin, elle pouvait bénéficier de deux rations, en trouvant, son regard bleu bien planté dans les yeux de la caméra, que cela *« était normal »* mais surtout, étonnée devant l'incongruité d'une telle question !

Elle a su garder intactes ces valeurs qui nous différencient de l'animal et auxquelles les allemands avaient décidé de ravaler les juifs. Debout encore à la libération du camp, en restant pour soigner avant d'accepter son rapatriement à l'Hôtel Lutetia. Debout après un mois de solitude en Suisse pour se *« reposer »*. L'a-t-elle jamais fait ?

Debout dans sa notion du Devoir dont elle se sentait comptable auprès des 527 enfants : *« ses gosses »*, pour lesquels elle est retournée à Nice continuer sa tâche auprès de Moussa (informé de la survie d'Odette par un mot d'un officier anglais).

Je voudrais conclure en rappelant ces lignes écrites par Odette dans *Terre de Détresse : « Nous avons tout connu au camp, la faim, la soif, les affres des étés torrides et des hivers glaciaux, toutes les maladies, toutes les déchéances et les tortures, les flammes des fours crématoires et partout la mort... Nous avons tout connu: les deuils, les espoirs fous vite déçus, la désespérance, et même la dérision et les rires...*

Ce que nous savons maintenant à coup sûr, c'est que dans le pire des malheurs, notre grandeur et notre force étaient de nous sentir solidaires. Ce que nous avons appris, c'est que la misère absolue, les souffrances, la présence permanente de la mort peuvent faire se révéler des personnalités merveilleuses et inatendues et que leur amitié, leur tendresse, leur courage nous ont soutenues et quelque fois sauvées.

Mais si le souvenir de cette extraordinaire puissance d'amour s'impose, au milieu de l'horreur et du désespoir, dans les récits de notre vie d'enfer, comment la fierté d'avoir connu les meilleures d'entre les femmes ne nous rendrait-elle pas encore plus cruelle l'injustice monstrueuse de leurs souffrances et de leur mort ? »[16]

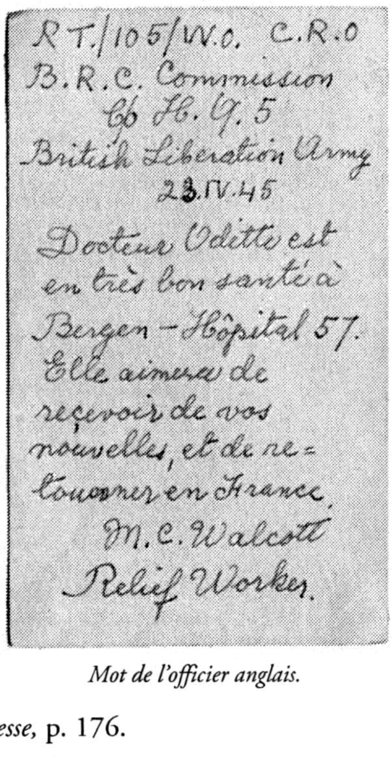

RT./105/W.O. C.R.O
B.R.C. Commission
Co H. Q. 5
British Liberation Army
23.IV.45
Docteur Odette est
en très bon santé à
Bergen – Hôpital 57.
Elle aimera de
reçevoir de vos
nouvelles, et de re-
tourner en France.
M. C. Walcott
Relief Worker.

Mot de l'officier anglais.

16. *Terre de Détresse,* p. 176.

Moussa en 1948.

...ET TOI, MOUSSA ?

LE GHETTO.

Ton prénom, Moussa a déjà un parfum *« d'Ailleurs »*. Monseigneur Rémond, dans une lettre de remerciements à Georges Garel pour ton action, écrit : *« Abadi, notre commun Vicaire Général, s'est acquitté de sa mission de bienfaiteur, en Grand Seigneur oriental, tel qu'on en voit dans les contes des Mille et une Nuits. »*

Pourtant en t'écoutant raconter ton enfance, les lieux dans lesquels tu t'es inscrit, ce n'est pas du terreau de l'opulence que tu émerges, mais c'est celui du ghetto, le plus vieux ghetto du monde, celui de Damas, qui nous apparaît.

Il faut faire appel à son imagination et recréer ce ghetto, mais surtout, son atmosphère, la vie à l'intérieur. Il faut sentir la chaleur écrasante, voir les petites ruelles, les artisans à l'ouvrage. Ouvrir une lucarne et aller à la rencontre de Yaacov Mazeltov, le calligraphe, de l'oncle Youssef Effendi, spécialiste de l'oraison funèbre, d'Azzour, le savetier, partageant ses pois chiches et racontant des histoires, ou de Rosa, qui *« descendait d'une lignée de servantes »*[17].

Glissons-nous dans le souvenir que Moussa garde des « crépuscules de Damas au mois de mai », temps où il écrit : *« Moments de grâce où je comprenais le langage des arbres, des plantes, des fleurs... où chaque feuille, chaque pétale chantaient pour moi et moi seul, le bonheur d'être là, d'exister. »*

Ghetto de Damas que Moussa évoquait devant la caméra comme un *« paradis perdu »* malgré la misère, la pauvreté, les conditions de vie insalubres des familles entassées à sept ou huit personnes par pièce avec une hygiène lamentable. Ghetto où se côtoyaient ceux qui travaillaient dix, douze heures par jour sans certitude du lendemain, n'ayant pour tout repas qu'un oignon, quelques olives et un morceau de pain, et la bourgeoisie, descendant des Marranes, banquiers, hommes d'affaires, logeant en leur palais. Mais Ghetto dont *« émanait une certaine candeur, une certaine pureté, où nous vivions une idylle tendre et passionnée comme deux amoureux »*[18].

Lieu clos mais non vécu comme un enfermement qui liait cette communauté comme les autres ; tous avaient la liberté d'aller et venir, de travailler à l'extérieur, d'aller à l'école, mais personne n'aurait songé à habiter ailleurs. Immobilisme et archaïsme du temps : la même vie perdurait depuis mille ans ! La plupart des habitants étaient analphabètes. Les plus chanceux suivaient l'enseignement de l'Alliance Universelle Israélite et avaient un minimum de culture. Ils obtenaient le certificat d'études appelé « Le Diplôme de la Connaissance ». Néanmoins, malgré son attachement à ce lieu, Moussa aspirait à partir vers d'autres horizons.

---

17 et 18. Moussa Abadi, *La Reine et le Calligraphe.*

LES ORIGINES.

Moussa naît le 17 septembre 1910, de Nessim Abadi et de Farida Katran, mère qu'il perdit à l'âge de douze ans.

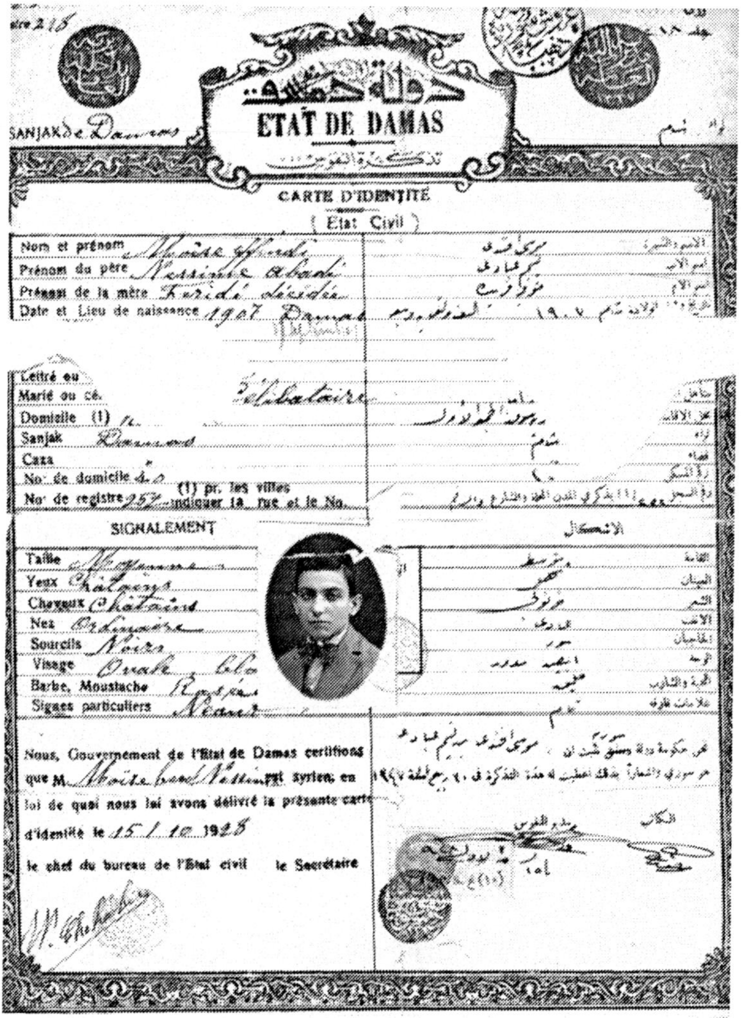

ETAT DE DAMAS

SANJAK de Damas

CARTE D'IDENTITÉ

(Etat Civil)

Nom et prénom Moussa Abadi

Prénom du père Nessim Abadi

Prénom de la mère Faridé Katran

Date et Lieu de naissance 1907 Damas

Lettré ou

Marié ou cé. Célibataire

Domicile (1)

Sanjak Damas

Caza

No. de domicile 40

No. de registre 257 (1) pr. les villes indiquer la rue et le No.

SIGNALEMENT

Taille Moyenne

Yeux Châtains

Cheveux Châtains

Nez Ordinaire

Sourcils Noirs

Visage Ovale

Barbe, Moustache Rasées

Signes particuliers Néant

Nous, Gouvernement de l'Etat de Damas certifions que M. Moïse Nessim syrien; en foi de quoi nous lui avons délivré la présente carte d'identité le 15 / 10 1928

le chef du bureau de l'Etat civil le Secrétaire

Carte d'identité syrienne de Moussa.

Perte dont il dit ne s'être jamais remis, qui lui laisse un sentiment de solitude malgré la présence de son frère et de sa sœur. Il fut élevé principalement par ses grands-parents maternels : une grand-mère quasi analphabète, un grand-père tisserand de son état (métier qu'il délaissa à partir de la soixantaine pour se consacrer aux textes saints), très érudit, très pieux, l'élevant dans les préceptes du judaïsme. Levé à cinq heures du matin, Moussa n'a pas oublié le bâton servant à casser la glace du petit bassin pour dégager l'eau nécessaire aux ablutions avant d'aller à la synagogue… et avant de déjeuner pour partir à l'école.

Emploi du temps scandé par la vie religieuse et les études suivies à l'Alliance Israélite. Attiré par la culture, fasciné par le livre, Moussa lit en vrac tout ce que la bibliothèque de l'école lui offre. Hector Malot, Anatole France, Pierre Loti. Il fait des kilomètres pour acheter des journaux français comme *Les Nouvelles Littéraires.* De douze à treize ans, Moussa suit une année supplémentaire à l'Alliance. Il veut approfondir ses connaissances et changer de lieu d'enseignement, mais cela veut dire se perdre hors de son cocon, aller au collège tenu par les Lazaristes. Il lui faut vaincre les inquiétudes et les réticences du grand-père. Moussa trouve un allié en la personne de son père et, à quatorze ans, intègre son nouveau monde. Plus question de Midrach, de la synagogue au petit matin, mais la vie n'en n'est pas plus facile. Tous les jours sont consacrés à l'étude jusqu'au dimanche quinze heures avec un lundi de congé par mois. Mais il découvre une autre forme de pensée, d'autres lectures, *Le Cid, Esther, Athalie,* qu'il connaît par cœur. La bibliothèque est cependant limitée aux auteurs du XVIIIe siècle, mais qu'importe, Moussa découvre Pierre Benoît, Maurice

Barres... Bon élève, souvent « *nommé et couronné* »[19] lors de la distribution des prix. Il continue son instruction chez les Lazaristes de la troisième à la première puis passe son bac bilingue à dix-sept ans. Son milieu familial lui pèse, il rêve d'échapper au quotidien, aux rituels et aux traditions. Il a cinq tantes, deux oncles, certains mariés, tous présents régulièrement au moment de la bénédiction du repas.

Plutôt que de continuer à faire de la philosophie chez les Lazaristes, Moussa décide d'enseigner à son tour. Nous sommes en 1927, la Syrie est juridiquement sous mandat français depuis 1919 : chaque ministère est doublé d'un conseiller français. Il s'avère que le conseiller du cabinet au ministère de l'Éducation nationale est un ami de la famille : il apporte son appui au jeune homme. Cependant, Moussa est trop jeune pour être nommé instituteur : ce handicap est vite surmonté. À la porte du ministère, deux témoins professionnels attestent que Moussa est né en 1907. Ainsi lesté de ses trois années supplémentaires, il est affecté dans une école musulmane pour enseigner le français et continuer parallèlement sa préparation au second baccalauréat. Malgré son attachement au ghetto, il songe à d'autres horizons et se présente à un concours national afin d'obtenir une bourse pour suivre un cursus en France. Il rêve d'entrer à l'École des Chartes, dont il ne connaît rien : « *Seul mirage, l'idée de passer sa vie au milieu des livres, lui qui, plus jeune, n'en avait possédé que trois, dont un livre d'histoire évoquant "nos ancêtres les Gaulois".* » Assertion fortement démentie par son grand-père, lui affirmant qu'il s'agissait d'Isaac, Abraham et Jacob ![20]

---

19 et 20. Entretiens vidéo avec Annette Wieworka.

Concours passé et réussi en compagnie de trois ou quatre autres candidats : il est le seul juif à obtenir une bourse. S'ouvre alors à lui la perspective de partir, mais l'autorisation qu'il doit arracher à son père et à ses grands-parents est empreinte de la peur qu'ils ont de le voir se perdre à *« Pariz »*.

UN DÉPART À L'ARRACHÉ !

Ce désir de partir est semé d'embûches. Son état civil est difficile à préciser. Sa naissance est attestée par la date de la circoncision indiquée sur la première page du livre de prières, laquelle a disparu ! Le passeport ne peut mentionner que le mois et l'année de naissance, non le jour : cette difficulté est cependant surmontée grâce à un autre témoignage improvisé !

L'épreuve la plus ardue fut le refus du ministre, trois jours avant le départ de Moussa, de lui accorder sa bourse. En effet, muni de ce diplôme, Moussa pouvait prétendre au poste de conservateur de bibliothèque et être ainsi en contact avec le Coran, livre sacré entre tous, mais non accessible à un juif.

Sa bourse lui sera accordée s'il change d'orientation. Le conseiller lui propose alors une formation à la Sorbonne qui pourrait entrer dans le cadre de ses futures attributions : « école de préparation de professeur de français à l'étranger de la Sorbonne ».

Il n'a pas le choix. Il s'embarque sur le *Lamartine* en décembre 1929 jusqu'à Marseille, puis de là va jusqu'à Paris. Émerveillé, il veut tout voir, y compris *« le train qui marche sous terre et le monument où les personnes ayant rendu service à la Nation étaient enterrées »*[21].

Il intègre l'école devant lui permettre d'obtenir son diplôme en deux ans, qu'il décroche en six mois. Moussa est persuadé qu'il va poursuivre ses études jusqu'à la licence, mais deux mois après, le ministre syrien veut l'obliger à respecter son engagement. Son contrat stipule qu'il doit rentrer dans son pays comme enseignant. Moussa se débat, essaie de faire jouer ses relations, et pas des moindres : il connaît un inspecteur d'enseignement des étudiants syriens de Damas, ancien directeur de cabinet auprès d'Henri de Jouvenel. Peine perdue, malgré le temps gagné et une année de droit commencée, Moussa doit réintégrer son pays d'origine au bout de dix-huit mois, mais avec la ferme intention de revenir en France, surtout à Paris.

Il a la nostalgie de cette ville qu'il a eu le temps d'appréhender, de ces rues qu'il a arpentées si longuement lorsqu'il habitait rue des Bernardins. Un souvenir déterminant est ancré dans sa mémoire, événement dû au hasard de ses pérégrinations : une affiche, un titre, *Le Prof d'Anglais*. Moussa n'est jamais allé au théâtre – la seule connaissance qu'il possède de cet art est le théâtre d'ombres où son père l'emmenait, l'entrée du lieu lui coûte cent sous, et là, dans la pénombre, il fait connaissance avec Louis Jouvet. Cet homme sur scène le transporte, lui donne le désir d'être à sa place, bien qu'il comprenne mal, de son propre aveu, ce qui se joue sur scène en tant qu'expression d'une forme artistique. Autour de Jouvet, d'autres inconnus, qu'il croisera

---

21. Moussa Abadi, *La Reine et le Calligraphe.*

ultérieurement : Jean-Pierre Salomon devenu Aumont, Jeanne Crespin.

Le retour à la vie familiale chez les grands-parents lui pèse ; seule lueur, les lectures qui le rattachent à la France et ses échanges littéraires avec Jean Gaulmier.

Le temps s'étire, André Collet, nouveau conseiller au ministère, lui promet l'octroi d'une bourse ultérieurement. Il lui conseille également d'avoir un passeport en règle et d'être prêt à partir. Lorsque ce moment se précise, sa grand-mère maternelle est décédée, son grand-père, les deux mains sur la tête de son petit-fils, le bénit, ému dans sa certitude de ne plus le revoir. C'est boulversé et dans la prémonition d'une séparation définitive que Moussa, accompagné par son père jusqu'à Beyrouth, quitte son pays. Malgré la joie que lui procure ce retour en France, on perçoit sa nostalgie à la lecture des si belles pages de son livre *La Reine et le Calligraphe* où il évoque ses sentiments en quittant le sol natal et *« l'idylle tendre et passionnée le liant au ghetto, où les différents monuments de la ville s'éclairent sous son regard avec sa foultitude de cochers, muletiers, chameliers, limonadiers, tous bruyants, colorés, sortis d'un autre temps avec ses bédouins rampants sous le tramway pour débusquer les chevaux cachés qui nécessairement tractaient le véhicule ! ... »*.

FÉVRIER 1933, LE RETOUR...

Cela pourrait être le titre d'une saga. L'inscription à la Sorbonne imposée par le gouvernement syrien pour permettre à Moussa de présenter une licence es lettres intervient lorsque l'année scolaire est largement entamée puisqu'il ne reste que trois mois avant les examens.

Dans l'amphithéâtre Descartes, Gustave Cohen dispense son enseignement, notamment sur les fabliaux du Moyen-âge. Mais qui était Gustave Cohen ? Élève de Bédier, Moussa le décrit comme le spécialiste de cette période de l'Histoire. Barbe noire, type assyrien, ayant fait des études en Belgique, professant à Strasbourg avant d'être titulaire de la chaire de Littérature à la Sorbonne. Il est un des premiers enseignants à faire tomber la barrière élevée entre ceux-ci et les étudiants, à établir un contact avec eux. Lors d'une séance consacrée à Rutebeuf et l'étude de son texte *Le miracle de Théophile*, Gustave Cohen affirme que cet écrit ne peut se comprendre que si les élèves le jouent ou le voient interprété. Il suggère d'en faire une transposition adaptée au rythme des étudiants – en vue de deux représentations ultérieures –, si quelques volontaires sont prêts à monter sur scène. À la fin du cours, poussé par une impulsion, Moussa se retrouve avec quelques condisciples près du Maître qui, une fois l'adaptation écrite, les recevra chez lui, rue Gay-Lussac, trois semaines plus tard.

LE DÉBUT D'UNE VOCATION ?

Jacques Chancerel, créateur de la troupe de théâtre « Les Comédiens Routiers », sollicité par Gustave Cohen comme metteur en scène, auditionne chacun des futurs acteurs et leur assigne un rôle : Moussa sera le juif Saladin ! Cinq mai 1933, trois mois après son arrivée, une estrade est installée dans l'amphithéâtre, une représentation est donnée. Des critiques littéraires se trouvent dans la salle, dont Brasillach, qui écrit un article dithyrambique où il évoque « *la fraîcheur et la poésie de Rutebeuf interprété par un petit Syrien jouant un mystère du Moyen-âge* ».

La troupe « Les Théophiliens » exista durant quinze ans avec plusieurs générations de comédiens. La seconde pièce, d'un auteur inconnu fut, *Le jeu d'Adam et Eve,* avec Moussa dans le rôle de Satan, puis Gustave Cohen inscrivit au répertoire *Le Mystère de la Passion.* Cette pièce, écrite par deux auteurs du XVe siècle (Arnoul Gréban et Jean Michel), fut montée en trois parties : Marie-Madeleine, Notre-Dame et Judas, personnage central confié à Moussa. Son expérience de vie passée chez les Lazaristes lui fut profitable pour appréhender et comprendre le Mystère chrétien. Cette pièce, reprise en 1937, fut jouée sur le parvis de Notre-Dame en présence du président de la République, Albert Lebrun.

Parallèlement, Moussa ne perd pas de vue ses examens et il obtient dans un premier temps son certificat de littérature française avec mention, puis sa licence. Son emploi du temps se partage entre la Faculté et le théâtre, qui le passionne.

En 1936, le ministre syrien de l'Éducation nationale en visite reçoit tous les boursiers et interroge Moussa sur ses études. Apprenant la judéïté de Gustave Cohen qu'il rencontre cependant le lendemain, le ministre, de retour en Syrie, suspend l'octroi de la bourse à Moussa et lui propose un poste d'enseignant à Damas. Celui-ci refuse de s'engager dans cette voie qu'il juge étriquée et toute tracée. Gustave Cohen tente de faire intervenir le chef de cabinet du ministère des Affaires étrangères, qui écrit à Damas, mais en pure perte.

Moussa est logé à la cité universitaire, au pavillon des provinces de France. Sa bourse lui permet tout juste de payer son loyer (200 francs par mois), son inscription à la fac, et un repas à trois francs. Le reste est consacré au théâtre et à l'achat de livres qui gonflent ses poches. Privé de ressources, il donne des leçons particulières que lui procure Gustave Cohen. Un camarade de la première génération des Théophiliens, Maurice Jacquemont, lui propose d'intégrer une troupe, Le Théâtre des Quatre Saisons. Il lui présente Barsacq, gendre de Copeau. Proposition est faite à Moussa de jouer dans le cadre de l'Exposition internationale de Paris de 1937, à la Comédie des Champs-Élysées, *Le Roi Cerf*, de Carlo Gozzi. Avec lui se produisent Maurice Jacquemont, Jean Dasté, René Dupuy et Svetlana Pitoëff.

Dans le *Bulletin des Amis* publié par l'Association des Amis du Théâtre des Quatre Saisons, Jacques Copeau écrit : « *J'ai été charmé. Il me semble qu'aucun mot ne conviendrait mieux, ni pour exprimer ce que j'ai ressenti ni pour accorder à la nouvelle troupe l'éloge qu'elle ambitionne et qu'elle mérite... et qui nous saisit avec une force, une délicatesse toute poétique.* »

Après la représentation, une spectatrice enthousiaste rejoint les acteurs dans leur loge et leur demande de venir jouer à New York. Cette proposition leur paraît tellement irréaliste (faute de moyens) que les protagonistes, à peine polis, acquiescent en poussant leur interlocutrice vers la porte... et l'impossible advient ! Cette femme, Miss Robinson Smith, mécène, intervient auprès du ministère des Affaires étrangères et la troupe est engagée par le

French Theater of New York pour une saison de cinq mois, d'octobre 1937 à février 1938. Il faut néanmoins envisager un répertoire car les comédiens prévoient d'interpréter douze pièces durant ce laps de temps. Plusieurs titres sont évoqués et Jouvet, consulté, suggère *Knock* en désignant Moussa comme interprète du rôle. Celui-ci se récrie. Dasté et Barsacq ne sont guère favorables, mais revoient Jouvet en l'absence de Moussa, lequel confirme sa proposition. Moussa, perplexe, demande une entrevue à Jouvet, pour qui il a une profonde admiration, et Jouvet insiste. Devant l'hésitation de Moussa, il lui propose, après sa propre représentation, de l'aider à travailler en cachette de Barsacq, jaloux de ses prérogatives de metteur en scène ! C'est ainsi que deux mois plus tard, la troupe s'embarque pour New York et, comme l'écrivait Jacques Copeau à son propos : *« Les jeunes des Quatre Saisons ont débarqué à New York, ils ont campé comme des héros autour de leur petit théâtre de la cinquante huitième rue et sixième avenue, ils ont travaillé comme des diables, dressé hardiment leurs décors sur une scène minuscule, repassé et rafistolé leurs costumes, mis sur pied huit spectacles… et gagné la partie. »*

Le Théâtre des Quatre Saisons est une coopérative, chaque comédien a deux fonctions : jouer la comédie et assumer une tâche assurant le bon fonctionnement de la troupe. Moussa est attaché de presse et à ce titre tient une chronique matinale à la radio new-yorkaise sur un temps horaire français où il commente la pièce jouée la veille.

Les cachets ne sont pas très généreux et, pour améliorer les revenus, Moussa donne des conférences dans diverses universités, dans des instituts privés sur le théâtre et le

Quartet du théâtre que représentent Jouvet, Dullin, Pitoëff et Batty. C'est à New York qu'il passe une soirée avec Antoine de Saint-Exupéry, présent en cette ville afin d'essayer de battre un record. Après quelques verres, Moussa dit lui-même avoir eu l'audace de comparer leurs deux métiers *« chacun essayant d'aller au-dessus des nuages »*.

Knock, *à New York.*

LE THEATRE DES QUATRE SAISONS

Le Théâtre des Quatre Saisons est un descendant direct de ce Vieux-Colombier qui, il y a 20 ans, vint à New York et y connut un prodigieux succès.

Ce Vieux-Colombier fondé et dirigé par Jacques Copeau, un des plus éminents animateurs du théâtre contemporain, donna par la suite à la scène française quelques-uns de ses représentants les plus brillants dont Jouvet et Dullin. Tant sur leur propre théâtre que sur la scène de la Comédie Française, Copeau, Jouvet et Dullin—auxquels il faut ajouter les noms de Pitoëff et de Baty—sont désormais considérés comme les maîtres de l'art dramatique en France.

C'est le Théâtre des Quatre Saisons qui, par son ascension foudroyante et un succès unanime, allait être désigné comme le successeur le plus authentique de ce mouvement théâtral. Ce plus jeune théâtre de France s'est assigné une tâche abondante et multiple. Ses fondateurs: Barbier, Barsacq, Dasté, Jacquemont, en formant une équipe homogène, absolument unie et solidaire tant du point de vue technique que spirituel, ont voulu renouer avec la tradition des troupes ambulantes. Equipe bien entrainée, les Quatre Saisons sont à même de jouer le répertoire le plus divers composé suivant les circonstances; troupe ambulante, ils jouent devant tous les publics, celui de la ville et celui des champs, le plus rustique comme le plus raffiné. Pour réaliser cette idée, les Quatre Saisons ont conçu un théâtre de toile démontable et motorisé, dit "Théâtre Volant" qui leur permet d'installer leurs tréteaux là où bon leur semble. C'est ainsi qu'ils ont pu jouer, tantôt pour les étudiants d'une faculté de province, comme à Nancy, tantôt pour des paysans et des marins, comme à Honfleur pour les Fêtes de lar Mer, tantôt pour les cheminots comme à Rambouillet où tous les cheminots de France étaient réunis en pleine forêt pour les entendre, tantôt pour des familles ouvrières, comme dans les cités-jardins de la banlieue parisienne, tantôt enfin pour une foule anonyme comme celle qui les vit représenter une farce de Molière, en plein Pont Neuf, un soir de 14 Juillet. Ce soir-là, ils renouaient avec la tradition de Tabarin et des jongleurs chers à Molière.

On sait comment le grand succès du *Roi Cerf* à la Comédie des Champs Elysées, classa le Théâtre des Quatre Saisons au premier rang de la nouvelle génération théâtrale. Désignés par l'Exposition Internationale pour donner ce spectacle pendant 5 jours, ils se virent obligés, devant l'enthousiasme de la critique et du public, à le prolonger tout un mois.

C'est encore l'Exposition qui les invitaient à jouer sur la charmante place de village très joliment reconstituée du "Centre rural" et sur un ring de boxe, au Stand des Sports et Loisirs où ils représentèrent "Le Médecin malgré lui" deux jours avant de s'embarquer pour les Etats-Unis.

Voilà quelle est la jeune troupe débordante de foi et d'activité que le French Theatre of New York a le privilège de présenter au public américain. A ce public elle veut offrir des spectacles de qualité, frais, poétiques, humains. Elle espère le divertir et le toucher, car ainsi que le disait Molière: "Le grand art, c'est de plaire."

[3]

Article du 15 novembre 1937 du bulletin du Théâtre des Quatre Saisons.

LES SAISONS DU THÉATRE

20 novembre 1936

Première réunion où la fondation des « Quatre Saisons » est annoncée.

1937

MAI : le 1ᵉʳ : Première répétition du **Roi Cerf.**

— Le 9 : En forêt de Rambouillet, devant les cheminots du Réseau de l'Etat, représentation du **Médecin Volant**, de Molière, et d'un **Divertissement Champêtre.**

— Les 16 et 17 : **Improvisations** au groupe de Loisirs de Puteaux ; à Honfleur et sur la Côte de Grâce représentation en plein air du **Médecin Volant** et d'un **Divertissement.**

— Le 23 : Même spectacle à Nancy.

JUIN : le 14 : Même spectacle à la Cité-Jardin de Champigny.

— Le 16 : Même spectacle à la Cité-Jardin de Plessis-Robinson.

JUILLET : le 14 : Même spectacle sur le Pont-Neuf, à Paris.

— Le 21 et jours suivants : Premières représentations du **Roi Cerf** à la Comédie des Champs-Elysées sous l'égide du Théâtre d'Essai, des classes 4 et 70 de l'Exposition Internationale.

AOUT : 30 représentations du **Roi Cerf** sont données.

— A deux reprises au Central Rural de l'Exposition le **Médecin Volant** et des **Improvisations** sont jouées.

— Même spectacle au Congrès de la Revue « Esprit » à Jouy-en-Josas.

1

Programme du Théâtre des Quatre Saisons.

À son retour à Paris, le 18 février 1938, les acteurs des Quatre Saisons se produiront du 5 au 11 avril au Théâtre des Mathurins. Pitoëff joue dans *Le Roi Cerf* et *37 Sous de Monsieur Montaudoin* avant que la troupe ne reparte, le 16 avril, pour le Brésil où dix-huit représentations seront données à Rio de Janeiro et à Sao Paulo. Au répertoire, bien sûr, *Le Roi Cerf,* mais également *Knock, Nationale 6, Jean de la Lune, Le médecin malgré lui, Fantasia,* etc.

À la suite d'une dissension avec Barsacq, Moussa décide de quitter la troupe du Théâtre des Quatre Saisons, ce qu'il fait à l'automne 1938 ; il ne remontera jamais plus sur scène. Le pécule qui lui revient lui permet de vivre et il décide de se consacrer à sa thèse, dont le sujet sur les fabliaux du Moyen-âge, imposé par Gustave Cohen, est vaste. Moussa éclectique, passionné, jeune homme à l'affût du Monde, se sent aussi concerné par la vie politique. « Protégé français », tel est son statut : pas tout à fait étranger, pas tout à fait Français, cela ne lui laisse pas une grande marge d'expression publique. Il est attentif aux mouvements, aux idées qui traversent la société. Rencontrant un ami syrien qui lui parle des propos fascistes tenus dans son pays, Moussa utilise la tribune d'une petite publication universitaire *Vendredi* pour écrire un article intitulé « La Syrie, attention au fascisme ». Fait troublant, avant-garde de ce qui se passera quelques années plus tard, Moussa signe d'un pseudonyme : Marcel Samad, qui est l'anagramme de Damas. Selon ses propres dires, *« il ne veut pas regarder passer la procession ».*

Il fait la queue des heures devant la Mutualité pour écouter Malraux, Aragon, Paul Vaillant-Couturier et bien d'autres. Il s'inscrit à la LICA[22] et prend la parole à la tribune lors d'un congrès. Ce soir-là, Bernard Lecache, fondateur de la LICA, est dans la salle : il l'écoute et l'entraîne à la fin de la soirée dans un dîner-questions, étonné sans doute par la fougue du jeune homme.

Moussa suit une formation de psychologie enfantine dispensée par Henri Wallon à la Sorbonne. Celui ci est en butte aux manifestations des Camelots du Roi, qui essaient de l'empêcher de professer. Moussa et ses compagnons font le guet pour l'alerter de l'arrivée des perturbateurs.

Petit à petit, la photographie de Moussa se dessine. Derrière le jeune homme ouvert, avide de connaissances, qui débarque à Paris, se dresse un personnage bouillonnant d'être dans son temps. Entre le Moyen Âge et les soubresauts des années qui se dessinent, entre le théâtre et l'écriture dans l'appréhension des émois, entre l'injustice et la justice, il y a, durant ces années 1933-1939, des fils qui se tissent, s'entrelacent, se coupent, se recoupent pour mener peu à peu à Monsieur Marcel.

Après sa démission du Théâtre des Quatre Saisons, Moussa, pressé par Gustave Cohen inquiet de la situation politique dégradée, commence la rédaction de sa thèse. Il se trouve à Megève en avril 1940. Les nouvelles de France sont alarmistes et il décide de revenir à Paris confronté aux difficultés de transports de plus en plus aléatoires.

Le 10 mai 1940, c'est la « drôle de guerre » (guerre de position) pendant laquelle les armées franco-anglaises et

---

22. Ligue Internationale contre l'Antisémitisme, qui deviendra par la suite Ligue Internationale contre le Racisme et l'Antisémitisme.

l'armée allemande restent face-à-face, derrière leurs lignes de front. L'invasion de la France se fait par la conquête de la Hollande, du Luxembourg et de la Belgique, ce qui permet à l'armée allemande de contourner la ligne Maginot. Les Panzers des troupes allemandes pénètrent sur le territoire national à Sedan. Dunkerque est tombée aux mains de l'envahisseur le 4 juin, Paris est de plus en plus menacée.

Vers le 8 ou 9 juin, une amie de Moussa, fille du général Linares, lui suggère de quitter la capitale. Moussa regroupe toutes ses fiches, ses affaires, et les confie à l'hôtelier chez qui il loge. À bicyclette il entreprend d'affronter les kilomètres qui le séparent d'Odette, jeune médecin, nommée inspecteur des écoles à Montargis. Depuis leur rencontre fin 1939, des fils se sont noués et le début d'une aventure qu'eux-mêmes ne soupçonnent pas commence à s'écrire.

Comment l'histoire d'un pays change celle d'une destinée.

Épuisé, Moussa se repose aux abords de Fontainebleau. Il s'endort sur le bas côté herbeux ; la guerre jette sur les routes une foultitude de gens, transhumance affolée, apeurée... Le vélo change de propriétaire… et c'est à pied que Moussa poursuit son chemin jusqu'à Montargis dans un premier temps. Il continue son errance en camion militaire, puis avec un train pris au hasard vers une destination non choisie : Vichy. Hasard des événements, il y arrive simultanément avec le gouvernement de Pétain et assiste de façon concomitante au défilé du 14 juillet !

C'est dans cette ville qu'il rencontre le représentant des États du Levant au ministère des Affaires étrangères. Ce dernier lui remet de la part du gouvernement syrien une somme de 1 500 francs et l'invite à rejoindre Marseille où une place lui est retenue sur un navire en partance pour la Syrie. Avec énergie, Moussa proteste et interroge son interlocuteur :

« Que penseriez-vous d'un invité qui mangerait le pain blanc en compagnie de ses hôtes, et qui partirait lorsque le pain deviendrait noir ?

Je dirais que c'est un goujat.

Vous me demandez d'être un goujat ? »

Face à cette résolution, ce haut fonctionnaire s'incline, prévient Moussa qu'il ne lui assurera sa sécurité que durant quarante-huit heures, délai après lequel il ne pourra plus rien faire pour lui. Moussa quitte Vichy ; après un bref arrêt à Marseille, il gagne Nice où, désorienté, il sillonne la ville. Gustave Cohen, chassé de la Sorbonne, arrive lui aussi à Nice avec sa famille. Il obtiendra le droit d'enseigner à Aix-en-Provence, mais sera à nouveau interdit. Il donne des conférences à Nice sur le XVIe siècle et le Moyen Âge, conférences qu'il demande à ses élèves d'illustrer. Moussa s'occupe de la mise en scène des textes lus. C'est au cours d'une de ces manifestations que Gustave Cohen présente Moussa à un prélat. Moussa, admiratif, n'oubliera pas son nom : Monseigneur Rémond, homme d'église suffisamment courageux pour assister à une conférence publique donnée par un juif.

Nous sommes vers le milieu de l'année 1941 : face à la mondialisation du conflit, Gustave Cohen décide de quitter

Nice pour les États-Unis. C'est en revenant de la gare où Moussa l'a accompagné que celui-ci, plongé dans les dernières nouvelles de *L'Éclaireur de Nice,* apprend l'invasion de la Russie par l'Allemagne : c'est l'opération Barbarossa du 22 juin 1941.

Odette, démise de ses fonctions de médecin inspecteur du département du Loiret, rejoint Moussa en novembre 1942 et travaille comme assistante sociale dans un dispensaire de l'OSE… L'année 1943 arrive…

… Et c'est le début du Réseau Marcel.

Mais reprenons le cours des événements.

Nice est libérée le 28 août 1944.

APRÈS LA GUERRE

PIED DE NEZ à l'Histoire, Moussa s'installe au 15 avenue de la Victoire, dans les locaux du Commissariat aux questions juives : il veut pouvoir recevoir les membres des familles ayant survécu à l'horreur des camps et rendre les enfants cachés. Sur l'ensemble des enfants passés par le Réseau Marcel, deux d'entre eux ont été déportés à cause d'une indiscrétion. Malheureusement si ces enfants avaient la vie sauve, ils étaient orphelins de l'un de leurs parents, voire des deux. Moussa s'emploie à ce que chacun soit pris en charge : regroupement familial, recherche des parents, retour des enfants dans leur foyer, régularisation de leur état civil et continuation d'une prise en charge. Puis, *« un jour, au mois de novembre 1944, Georges Garel et Julien Samuel me dirent : restez à Nice et faites de votre mieux, et j'ai été touché de la confiance que n'ont cessé de me témoigner non seulement ces deux camarades, mais également tous ceux qui, à des titres divers entretenaient avec moi des relations de travail »*.

Il reste donc et installe dans ces locaux avec l'aide de tous ceux qui, comme lui, ont œuvré dans la clandestinité, notamment la Sixième[23], un service social. Dans son rapport d'activités du dispensaire de septembre 1944 à avril 1945, on peut lire : « *On travaillait d'arrache-pied pour répondre à tous les appels, surtout ceux des malades. Les malades ! Il en sortait de partout, rachitiques, tuberculeux, édentés, scorbuteux, ils venaient à nous et nous demandaient de ne pas les abandonner. C'est alors que j'ai pris sur moi d'installer ce dispensaire de cauchemar, avec une table, deux chaises et un stéthoscope. Nous n'avions ni une goutte d'alcool, ni un paquet de coton, ni une serviette, ni un bout de savon. Nous n'avions que notre bonne volonté et notre foi. Les malades faisaient la queue à la porte de cette chambre malpropre dans l'espoir d'une guérison miraculeuse.* »

Le dispensaire OSE est transféré au lendemain du Congrès de Lyon au 31 avenue de la Victoire, où il devient, « *grâce à l'envoi de médicaments et des appareils de Paris, grâce à quelques dons de la Croix Rouge et grâce surtout au dévouement d'une équipe de médecins, incontestablement l'un des plus importants de Nice, sinon le plus important* ».

C'est dans cette atmosphère de travail acharné qu'arrive Odette. Dans un de ses « journaux de bord », où Moussa retrace les événements journaliers, on peut lire, et avec quelle émotion, en date du mercredi 6 juin 1945 : « *Notre amie la Doctoresse Odette Rosenstock est venue se faire "piquer" au Dispensaire. Elle est visiblement émue de retrouver sur notre tableau les noms des enfants qu'elle avait cachés pendant la clandestinité et pour lesquels elle s'était dévouée jusqu'à son arrestation. Quand reprendra-t-elle sa place parmi*

23. Les Éclaireurs israélites de France.

nous ? Pas avant deux ou trois mois. Elle a besoin de repos, de calme ; elle a surtout besoin de se retrouver, de se ressaisir, de se réadapter. Elle va tenter de vivre. » Elle reprendra cependant plus vite que ne le prévoit Moussa : le 29 juin, elle accompagne cinq enfants jusqu'à Paris, dans le cadre du regroupement familial, « *en attendant que leur âge d'homme leur permette de lutter pour l'avènement d'un monde meilleur* ».

ODETTE ASSURERA LA RESPONSABILITÉ DE L'ACTION MÉDICO-SOCIALE DU DISPENSAIRE.

Je voudrais apporter une précision quant à la situation de Moussa après la guerre, et ses prises de position, parfois un peu vives. Suivant les dires des uns et des autres (je livrerai plus loin les points de vue d'amis qui l'ont bien connu) il n'était pas « d'un caractère facile ». C'est oublier la rigueur, la très grande honnêteté, le souci de la perfection qui l'ont de tout temps caractérisé. C'est oublier son dévouement sans bornes qui le fit s'engager pendant la période du conflit, c'est oublier ce sens de l'altérité.

S'il a toujours voulu affirmer son indépendance vis-à-vis de l'OSE, en tant que créateur avec Odette du Réseau Marcel, il s'est impliqué totalement dans sa fonction de directeur du dispensaire, non seulement dans ses attributions, mais aussi en tant que représentant d'une « Grande Direction ». Il voulait, et il y est parvenu, obtenir une reconnaissance officielle de l'institution OSE, lui assurer une indépendance par rapport aux autres œuvres – juives et non juives -, ainsi que vis-à-vis des pouvoirs publics. Quelle énergie a-t-il développée pour naviguer entre les différentes tendances religieuses et politiques, pour ne pas laisser « récupérer » cette organisation ! Il voulait être au-dessus des conflits partisans, religieux ou politiques, dans le seul souci de rendre service à la population. Pour cela, il a su s'adjoindre l'aide de praticiens compétents et reconnus. Il s'est donné entièrement à cette tâche, ne comptant pas sa peine, exigeant dans la qualité des actions tant vers les usagers que vers les différents partenaires pour mener à bien les objectifs voulus, essentiellement préoccupé par les enfants, leur bien-être, leur devenir. Dans un rapport d'activité, entre septembre 1944 et avril 1945, il écrit ces lignes qui ressemblent à une profession de foi... « *Puissions-nous seulement nous montrer à la hauteur des tâches qui nous attendent pour préparer aux enfants de l'OSE et à tous ceux qui ont souffert de la "kulture" allemande, des lendemains meilleurs et une éducation basée sur des principes élémentaires d'amour et de solidarité.* »

Le jeudi 28 juin 1945, lors de l'organisation de la Semaine nationale de l'enfance au Théâtre du Casino, Monseigneur Rémond ouvre le colloque intitulé « Cinq ans sous la botte ». Il évoque les années noires, son activité en faveur des enfants traqués par la Gestapo. Une fois de plus, l'éminent prélat a rendu un vibrant hommage aux collaborateurs de l'OSE, qu'il avait soutenus et épaulés pendant la clandestinité. Dans ce compte rendu de l'événement que Moussa transmet à la direction parisienne, il y a toute la modestie, l'humilité dont il a fait preuve. Il ne revendique pas l'action du Réseau Marcel comme indépendante, ce qui peut parfois prêter à confusion pour certains, mais se sent partie intégrante de l'OSE. *« Il y a un fait acquis, écrit Moussa, rien ne se fait plus à Nice, dans le domaine de l'enfance, sans le concours ou la participation de l'OSE. »* Il continuera dans cette voie, souvent découragé devant l'inertie et le manque de coordination de ceux qu'il sollicite, de plus en plus déçu des querelles de pouvoir qui se jouent, se questionnant le plus souvent sur l'utilité de sa propre action et les orientations politiques du service de l'enfance.

Dans son rapport (encore ! mais quelle mine de renseignements !), en août 1945, il écrit :

« Fatigue, lassitude et doute...

Je m'interroge : pour qui ? Pour quoi ?

Je feuillette au hasard le volumineux courrier de l'OSE : misère, détresse, maladie, récriminations, révolte, résignation.

Recherche de ceux qui ne reviendront jamais.

Retour de ceux qui ne retrouvent rien, ni famille, ni foyer, ni gîte. ...

Enfants malades, enfants instables, enfants prédisposés à toutes les maladies infectieuses, enfants torturés par l'incertitude et le doute...

Ni les Montessori, ni les Piaget, ni les Decroly, ni les Wallon n'ont bâti leur système en pensant à ces enfants sans parents... surgis des ténèbres de la guerre et qui ont frôlé la chambre à gaz et les fours crématoires.

Fatigue, lassitude, doute.

Pour qui ? Pour quoi ?

Mais, pour tous ceux qui ne sont plus – où pas encore – assez forts pour souffrir seuls. »

En mars 1946, un rapport d'inspection du dispensaire de Nice est assez éloquent : « *Assurément, la raison principale du bon fonctionnement de ce petit centre consiste en ce qu'il a été organisé et est dirigé par un homme compétent et énergique, doublé d'une excellente collaboratrice.* (...) *On "inspecte" les autres centres, on "visite" celui de Nice.* » Et, plus loin encore : « *De l'ordre, de la méthode et de la discipline, tels qu'ils devraient normalement être appliqués partout. Monsieur Abadi est Directeur au sens le plus étendu du terme. On ne saurait trop insister sur le fait que le départ de Monsieur Abadi serait une perte déplorable pour l'OSE... Le Docteur Rosenstock, Directrice adjointe assumant notamment, à l'heure actuelle, la tâche d'assistante principale, dans une harmonie parfaite avec le Directeur ainsi qu'avec ses subordonnés. Notons que le départ éventuel de Monsieur Abadi serait très vraisemblablement suivi de celui du Docteur Rosenstock.* »

Début 1948, Moussa et Odette quittent leurs fonctions au dispensaire.

PARIS OÙ COMMENT CONTINUER À VIVRE.

Un point en avant, un point en arrière : j'ai voulu « tricoter » ces vies : les entrelacs avec l'Histoire n'étant pour eux qu'épiphénomènes, parenthèses, qu'ils n'ont pas jugé utile de mettre au grand jour. Pas de forfanterie, pas de récit des événements dramatiques qu'ils vécurent : leur engagement, naturel, reflet de leurs convictions, ne pouvait en aucun cas être mis en exergue. Tirons le fil, et retrouvons-les à Paris, épuisés physiquement, mais certainement aussi moralement.

115, rue de Reuilly, un petit appartement devenant une annexe de théâtre. Lieu où tous les deux se sont mis au centre, s'appuyant l'un sur l'autre, se protégeant mutuellement, ne laissant entrer l'extérieur que parcimonieusement. Lieu d'une nouvelle orientation de leur vie, bulle où le terrible passé n'a plus de raisons d'être. L'évoquaient-ils ensemble ? Se remémoraient-ils leurs peurs, les événements tragiques, les enfants sauvés, les disparus ? Ils ont, en tous cas, pris la décision de ne pas en parler à leur entourage pendant au moins trente ans, même à leurs intimes, mécontents ou étonnés de ne pas avoir été mis dans la confidence. *« … Au cours de tant d'années vécues ensemble, à "s'affectionner", à se donner tant de chaleur, de si grandes joies, ils avaient, avec une grande pudeur gardé par-devers eux cette histoire ahurissante, insensée des "enfants cachés" qui était la plus belle leçon de courage et d'abnégation qu'ils auraient dû nous offrir plus tôt »*, m'écrit Jacqueline, l'amie intime.

Odette reprend ses activités professionnelles : médecin inspecteur vacataire des écoles à Paris (XIIe), au service de l'orientation professionnelle, au service de l'enfance et au service de l'absentéisme de la Sécurité sociale de 1951 à 1952. Elle occupe de 1952 à 1956 les fonctions de chef de service au laboratoire d'hygiène de la ville de Paris, puis de médecin inspecteur adjoint à la direction générale de l'action sanitaire et sociale de la préfecture de la Seine.

Toujours intéressée par l'enfance, prompte à apporter ses compétences et sa sensibilité aux souffrances, elle exerce ses fonctions de médecin au collège et lycée privé Morvan, à

Paris (institution d'enseignement pour déficients sourds) de 1978 et au-delà de sa retraite. Elle ne m'a jamais parlé de cette action alors qu'elle venait me voir dans l'établissement que je dirigeais et qui accueillait aussi de jeunes enfants. Ma fonction, mon action professionnelle lui plaisaient.

Elle sera, jusqu'à sa retraite en septembre 1979, médecin chef au service de vénérologie de la direction de l'action sanitaire et sociale de Paris.

Quelle professionnelle fut-elle ? On ne peut qu'imaginer. Certaine d'être dans le réel, de ne pas embellir le personnage, je dois me contenter de quelques rares témoignages de ceux qui l'ont connue dans l'exercice de ses fonctions. Odette s'est employée à édulcorer ses différentes actions, à les recouvrir d'un voile. Jacqueline, à qui je demandais des détails, m'a écrit ceci : « *Quand on l'interrogeait sur sa vie professionnelle, elle répondait qu'elle était sans intérêt particulier. A-t-elle en dehors de son travail aidé des gens dans la misère ou la détresse ? Je ne sais pas. Discrète, secrète pour tout ce qui tournait autour d'elle, esquivant avec gentillesse toutes les questions auxquelles elle ne souhaitait pas répondre. Et pourtant, elle questionnait les gens qu'elle aimait, intéressée par les moindres détails de leur vie, échangeant des pensées, commentant les événements politiques, culturels ou autres. Même en cas de désaccord* (...) *elle n'essayait jamais d'imposer. Elle forçait à réfléchir. Elle pouvait tout comprendre, elle ne pouvait pas tout admettre. C'était l'esprit de justice qui occupait la première place, d'où son impossibilité à réagir impulsivement.* »

D'après le docteur Butez, avec qui elle travailla plus de vingt ans, ainsi qu'une autre collègue assistante sociale et amie, Odette était très consciencieuse dans l'exercice de ses fonctions, toujours effectivement disponible pour ses collaborateurs. Très passionnée de théâtre, elle troquait allégrement son titre d'inspecteur contre celui, plus modeste, en apparence, d'accompagnatrice du critique théâtral que fut Moussa.

En réfléchissant, d'évocations en mises en images, de suppositions en questions sans réponses, je suis parvenue à une vision personnelle et peut-être contestable, du « docteur Abadi ». Pourquoi, une personne dont l'altruisme n'était plus à prouver (s'il en est besoin, on peut évoquer *Terre de Détresse*), lancée dans des études de médecine avec l'engagement de la jeune fille qu'elle fut, aurait-elle choisit une carrière administrative ? Pourquoi, malgré les assertions de Moussa faisant état de ses compétences professionnelles n'a-t-elle pas ouvert un cabinet de médecine libérale ? J'ai deux hypothèses, qui ne se veulent pas des affirmations et que j'avance avec toutes les précautions possibles. La première est son passage en tant que médecin des camps, ne peut-on imaginer ce qu'un praticien peut éprouver, lui dont la vocation est le soin, de voir combien celui-ci est impossible à assumer dans ces circonstances ? La confrontation entre le maintien en survie des victimes et l'impossibilité de leur sauver la vie a dû être une épreuve insupportable. Odette aurait-elle pu ensuite exercer son métier sans qu'il lui rappelle de façon incessante ces mois noirs ? À son retour de Bergen Belsen, à son retour de Nice, après son expérience dans le dispensaire de l'OSE, n'a-t-elle pas mesuré que ce type de travail, c'est-à-dire la prévention, pouvait lui permettre de reprendre une place professionnelle sans la tirer trop en arrière ? Cette assertion est corroborée par les dires d'Annick, qui a succédé à Odette dans son poste. Elle la présente comme un « précurseur » de son temps, intéressée par une notion encore inconnue de « santé publique » qui l'a conduite à mettre en place un système de statistiques dans les différents dispensaires antituberculeux dont elle avait la charge.

Ma seconde hypothèse est que, n'étant pas astreinte aux exigences naturelles que représente une médecine libérale, Odette pouvait, à la fois, vivre sa passion du théâtre et surtout la vivre avec Moussa en allant avec lui assister aux représentations, puis en élaborant les fiches relatives aux spectacles vus : n'oublions pas que c'était elle qui les rédigeait, elle encore qui tapait les textes de Moussa.

Pourquoi n'ai-je pas interrogé, questionné lorsqu'il était possible de le faire ? Tout simplement parce qu'il émanait de ces êtres une telle réserve, une telle volonté de ne livrer que ce qu'ils avaient décidé eux-mêmes de donner, qu'il était impossible d'entrer dans cet espace privilégié. Ils étaient tous deux serrés au cœur d'un cercle dont ils s'étaient entourés et qui les protégeait de toute intrusion. Lorsque je posais une question, c'était comme si je foulais un sentier dont je ne pouvais mesurer le droit à l'accessibilité : je marchais sur la pointe des pieds, précautionneusement. Pourtant, je n'ai jamais essuyé de rebuffades ; parfois, juste un léger rire cristallin qui s'échappait avant de ne pas répondre ! Alors, je me contentais de saisir les phrases, les remarques, les petites confidences, (qu'ensuite, hélas, j'ai su trop tard comprendre) sans oser, moi, la volontaire, la « fonceuse » lancer mes « pourquoi » et mes « comment ».

Moussa renoue avec sa passion : le théâtre. Entre 1959

et 1980, il anime à Radio France Internationale l'émission « Images et visages du théâtre d'aujourd'hui » : plus de mille entretiens radiophoniques, au cours desquels il offre la parole à des auteurs, des comédiens, des metteurs en scène, privilégiant souvent les jeunes talents inconnus du grand public (mais qui le deviendront), au service de son interlocuteur, de la culture, du théâtre et des arts, mais aussi au service de la langue française.

Peu de gens de métier ont su comme lui s'effacer devant la personne interviewée, lui laissant l'espace et la liberté de parler à bâtons rompus de sa pièce, de sa mise en scène, de son livre. Au cours des années 1977 à 1981, il est nommé président de la commission d'aide à la création dramatique au ministère de la Culture et membre de la commission d'aide aux jeunes compagnies. Il est réputé pour son intégrité morale, pour le soutien qu'il apporte aux jeunes auteurs contemporains, pour la défense d'une certaine conception du théâtre. Il lisait tous les textes soumis, attentif, ne se gênant pas pour donner son sentiment, franc et direct, mais cependant avec toujours cette courtoisie qui le caractérisait. Guy Foissy le rencontre lors d'une émission radiophonique en 1965. Il se souvient de la facilité qu'avait Moussa à faire oublier le micro, à inciter à la confidence. Guy Foissy évoque les liens qui l'unirent ensuite à Moussa, qu'il dépeint comme « *un passionné, amoureux du théâtre, témoin de son temps, toujours au courant de toute l'activité de ce domaine. Sincère, discret avec un regard moqueur vis-à-vis des faiseurs qu'il n'aimait pas ! Jeune auteur, je lui adressai ma pièce : quarante-huit heures plus tard, il l'avait lue, commentée avec sa franchise habituelle !* ».

Moussa publie chez Julliard *La Comédie du théâtre*, fruit de cette expérience, texte grinçant, parfois amer, accusateur, imprécateur, désopilant, mais toujours porté par l'amour de son art. Par ses interrogations aussi, sur les mutations qui s'opèrent dans la conception de la mise en scène, les relectures et réécritures d'œuvres classiques : « *Vers quel théâtre veut-on nous mener ? Quel théâtre nous prépare-t-on ? Un théâtre pour tous ou un théâtre pour quelques-uns ?* »

Toujours dans son pamphlet, « *L'Acteur, cet inconnu, me fascine.... quand on aime d'amour le théâtre, dès que les lumières s'éteignent, on se branche sur les comédiens, on respire avec eux, on a le trac pour eux, on endure mille morts s'ils ont un trou ou s'ils butent sur une réplique...* »[24]

Le théâtre n'était pas seulement un travail pour Moussa, mais une passion, et surtout une idée du théâtre que n'auraient reniée ni Molière ni Jean Vilar : indépendant, populaire et véhicule de la culture française. Plusieurs fois par semaine il était le spectateur assidu d'une salle semi obscure, à Paris ou en banlieue, insensible au décorum, attentif à ce qui se déroulait sur scène. Mais là, comme pendant l'épreuve de la guerre, Odette était à ses côtés, troquant son diplôme de médecin de jour, pour entrer elle aussi, « *en Théâtre* ». Ce n'était cependant pas un sacrifice pour Odette, qui s'était de tout temps intéressée au théâtre, même avant de rencontrer Moussa. Jacqueline relate : « *Je la sentais "accro" au théâtre, à la vie artistique. Elle avait besoin sans doute de s'évader de son milieu professionnel. Médecin dans les offices publics d'hygiène sociale, était certai-*

---

24. *La Comédie du théâtre,* Moussa Abadi.

nement éprouvant pour une femme qui se donnait tellement aux autres. Donc, elle allait beaucoup aux spectacles, fréquentait des gens qui, comme elle, aimait ce milieu artistique. »

Avec la discrétion qui l'anima toute sa vie, elle accompagna Moussa les soirs de spectacle. Elle tint après chaque représentation, des fiches qui mentionnaient, outre le titre de la pièce, l'auteur, le metteur en scène, les acteurs, et les commentaires de Moussa. Ces fiches complétaient le dossier ouvert pour chacun d'entre eux : ces précieuses archives se trouvent maintenant à l'IMEC (Institut de la mémoire des écrivains contemporains), suivant la volonté d'Odette et Moussa.

Ils se sont mariés le 3 novembre 1959 en la mairie du XIIe… et le 21 novembre 1989, le rabbin Farhi les a unis sous la loi mosaïque.

ODETTE ROSENSTOCK ET MOUSSA ABADI
SONT HEUREUX DE VOUS FAIRE PART DE LEUR
MARIAGE QUI A ÉTÉ CÉLÉBRÉ LE 3 NOVEMBRE 1959.

118, RUE DE REUILLY. PARIS (XIIe)

Faire-part du mariage civil.

Mouvement Juif Libéral de France

ACTE DE MARIAGE

Le vingt-quatrième jour du mois de mar-heshvan de l'an du monde cinq mille sept cent cinquante
(mardi vingt et un novembre mil neuf cent quatre-vingt-neuf)
à Paris (France), le soussigné Moussa Abadi
fils de Nissim Abadi z'l et de Farida Kalam z'l
a pris pour épouse la soussignée Odette Rosenstock
fille de Camille Rosenstock z'l et de Martha Lagarde z'l
Conformément aux règles de nos institutions, ils se sont déclaré : « Voici, par cet anneau, tu m'es uni(e) selon la Loi de Moïse et d'Israël », déclaration solennelle qui comprend la promesse de s'aider et de se protéger en toutes circonstances, de pourvoir aux besoins l'un de l'autre et de mener leur existence dans l'honneur, la paix et la sécurité d'un foyer digne d'eux, comme il est de constante tradition pour les époux dans la famille d'Israël.
En foi de quoi, Moussa Abadi et Odette Rosenstock
en présence des témoins également soussignés, ont passé l'anneau au doigt l'un de l'autre, prononçant les paroles consacrées qui constituent de l'un à l'autre réciproque engagement. Cette cérémonie accomplie et après les prières d'usage pour appeler la bénédiction de Dieu sur les nouveaux conjoints, le présent acte de mariage religieux a été signé des époux et des témoins, pour valoir comme attestation authentique de l'union ainsi consacrée devant Dieu.

L'époux : *Le Rabbin :* *L'épouse :*

O. Rosenstock

Les témoins :

Ketouba d'Odette et Moussa.

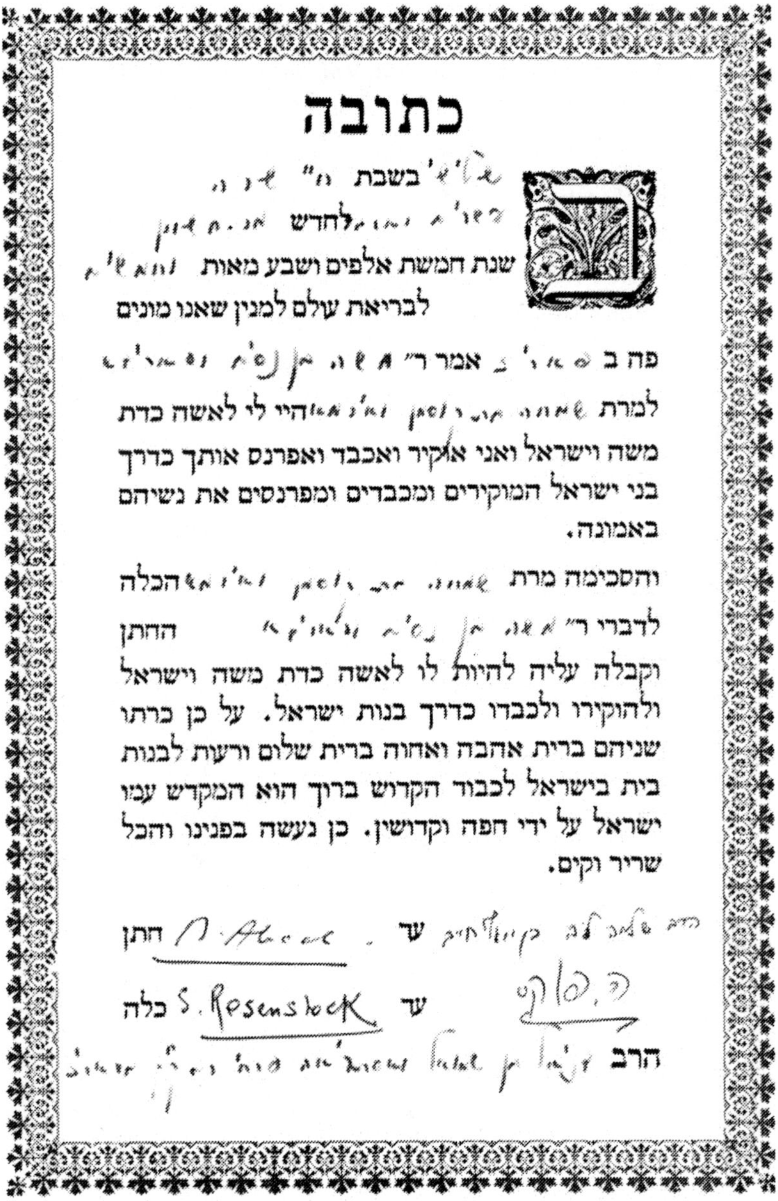

כתובה

ב[illegible] בשבת [illegible]
[illegible] לחדש [illegible]
שנת חמשת אלפים ושבע מאות [illegible]
לבריאת עולם למנין שאנו מונים

פה ב[illegible] אמר ר' [illegible]
למרת [illegible] הוי לי לאשה כדת
משה וישראל ואני אוקיר ואכבד ואפרנס אותך כדרך
בני ישראל המוקירים ומכבדים ומפרנסים את נשיהם
באמונה.

והסכימה מרת [illegible] הכלה
לדברי ר' [illegible] החתן
וקבלה עליה להיות לו לאשה כדת משה וישראל
ולהוקירו ולכבדו כדרך בנות ישראל. על כן כרתו
שניהם ברית אהבה ואחוה ברית שלום ורעות לבנות
בית בישראל לכבוד הקדוש ברוך הוא המקדש עמו
ישראל על ידי חפה וקדושין. כן נעשה בפנינו והכל
שריר וקים.

חתן [illegible] עד [illegible]

כלה S. Rosenstock עד [illegible]

הרב [illegible]

Recto du Ketouba.

Parallèlement à ses activités théâtrales, Moussa a écrit et publié trois livres : le premier, *La Comédie du théâtre*, cité plus haut, est édité en 1985 puis, publié en 1993, *La Reine et le Calligraphe* aux éditions Christian De Bartillat, qui reçoit le Grand prix de La Nouvelle de l'Académie française.

En 1996, Moussa a des ennuis de santé : il voit de moins en moins bien, et Odette tape ses textes. Il entreprend cependant un travail d'écriture pour relater son parcours dans les hôpitaux et ses contacts avec les médecins. Écrit qu'il intitule *Lumière de mes yeux.* Il explicite dans son avant propos : *« Ce livre n'est ni un réquisitoire ni un "J'accuse". C'est d'abord, plus modestement, un témoignage sur le parcours d'un homme frappé par un mal imprévisible et qu'on appelle dans les Hauts lieux de l'ophtalmologie, une dégénérescence maculaire. Un parcours du combattant... C'est enfin un cri de révolte contre un monde impitoyable par où sont passés les quelques un million cinq cent mille malvoyants de notre pays. Ces pages, je les ai écrites pour eux. »*

Pour faire un lien avec la vie théâtrale de Moussa, je retranscris aussi : « *En guise de* post-scriptum, *à ceux qui s'étonneraient des embardées qui me projettent invariablement dans les verts pâturages du théâtre, je répondrai que chaque hôpital est à lui seul un immense plateau où patients et médecins jouent quotidiennement une ample tragédie à mille actes divers, un spectacle toujours recommencé, hélas. Et que c'est au théâtre que je dois quelques-uns des moments les plus heureux de ma vie. Comment pourrais-je l'oublier ?* »

Moussa n'a pas eu le temps d'apporter à ce texte les modifications qu'il souhaitait : il est décédé, et Odette a choisi d'en faire une édition avec les corrections manuscrites de Moussa pour ses amis, en y précisant dans la préface : « *Ce livre ne paraîtra jamais en librairie. Au retour du brochage du manuscrit, le 24 février 1997, Moussa avait décidé de le réécrire... il m'a semblé qu'il serait injuste de priver ses amis de cette version d'un livre qui n'existera pas. La voici donc exclusivement pour eux, reproduction exacte de la brochure, sans aucune correction... Elle se présente simplement, telle qu'elle était lorsqu'elle a été abandonnée, dernière trace d'une œuvre interrompue.* »

Le troisième livre publié, *Shimon le parjure,* est travaillé par son auteur de façon parallèle avec le précédent, avec l'aide d'Odette : Moussa dictait, se souvenant des phrases nées la veille qu'il remaniait, mais qu'il ne pouvait plus écrire. Il donnait une suite à *La Reine et le Calligraphe,* pour continuer à faire vivre les personnages de son ghetto dont il dit : « *Ils ne m'ont jamais quitté. La nuit, au cours de mes longues insomnies, il m'arrive de converser avec eux, de rire ou de pleurer avec eux... Je leur appartiens et ils m'habitent.... Je sais maintenant que les vieux châteaux d'Ecosse n'ont pas le monopole des revenants et des fantômes. Je sais aussi que ceux de mon ghetto sont invincibles et immortels.* » Il conclue : « *Toute vie, c'est banalité de le souligner, est jalonnée d'amitiés mortes, de cadavres d'amitié. La mienne ne fait pas exception à la règle. J'ai eu mon compte "d'amis que vent emporte", car "il a beaucoup venté dessous ma porte".* »

Aujourd'hui, je peux me réapproprier ces phrases : Moussa meurt le 15 septembre 1997, en nous laissant un grand vide.

Shimon le parjure a vu le jour dans le monde de l'édition début 1999, grâce à l'énergie d'Odette.

Moussa en 1986.

La mort de Moussa fut pour Odette l'amputation d'une grande partie d'elle-même. En osant l'excès, j'ajouterais la plus importante. Le jour de l'enterrement, elle était si fragile, ramassée sur elle-même. Elle a refusé toute présence dans un tête-à-tête avec sa seule douleur. Elle s'est voulue forte, solide, non pour accepter ce deuil, mais pour dans un premier temps continuer à donner vie à Moussa. Avec opiniâtreté, elle a frappé aux portes pour obtenir que soit publié *Shimon le parjure*, transféré les entretiens radiophoniques de Moussa sur des cédéroms. Mais elle a surtout préparé son départ : nous (ses « enfants », ses amis) montions la garde autour d'elle, l'appelant au téléphone, allant la voir, sortant avec elle, inquiets.

Elle ne nous disait rien de ses états d'âme, parlait des démarches qu'elle entreprenait, du temps qu'elle passait à régler les problèmes administratifs. Elle continuait à être à l'écoute de ce qui nous touchait, semblait intéressée par l'actualité... et elle, elle était déjà sur un autre versant. Quel mal s'était-elle donné pour connaître des uns et des autres nos dates de vacances pour ne pas les perturber : au seuil de sa mort, elle pensait encore à nous tous. Elle avait confié à Annick à quel point *« elle n'était pas facile à vivre »*. L'expérience des camps avait laissé son sillon profond, avec son cortège d'angoisses, de phobies et de peurs.

C'est Moussa qui *« l'accrocha à la vie »*, comme l'a si bien dit Annick, non seulement par cet amour partagé entre eux, ciment indestructible, mais parce que Moussa, en magicien oriental, a fait de leur vie un univers flamboyant, scintillant, coloré, pour sans doute effacer le noir des mois passés. Les feux du théâtre, son amour des grands hôtels, des bonnes tables, des vêtements chatoyants, des bijoux qu'il lui offrait, étaient sa façon à lui de l'obliger à vivre, en lui donnant aussi la certitude qu'IL avait besoin d'elle, qu'il fallait continuer pour ne pas tomber. Privée de ce soutien, assurée d'avoir mis en place les moyens nécessaires pour que la mémoire de Moussa s'inscrive dans l'avenir, elle a cessé de lutter.

Nous avons été une soixantaine à recevoir Notre lettre, identique en partie pour tous, et personnelle pour chacun d'entre nous. Sans bruit, sur la pointe des pieds, au moment choisi par elle, elle s'est endormie définitivement, nous laissant orphelins.

Pour moi, ce fut la seconde fois.

Odette, « mon » Odette... Chacun de nous est dans l'appropriation, dans le possessif, mais là réside le miracle : que tu sois à la fois unique pour chacun d'entre nous, et pour nous tous réunis autour de toi, comme tu le fus au cours de tes visites aux enfants cachés.

Durant leurs vies ils reçurent tous deux des témoignages de reconnaissance de leurs pairs, mais aussi de l'État : pour Odette, la Médaille d'argent des épidémies en janvier 1947, la Médaille de la Résistance en mars 1947, la Médaille de la Reconnaissance française en juin 1947, la Médaille d'argent de l'Académie nationale de médecine en avril 1980 et, enfin, la Légion d'Honneur en mai 1980 (introduite par Jean-Jacques Gautier[25]).

---

25. Critique d'art dramatique, écrivain, prix Goncourt 1946.

Les distinctions de Moussa : Officier de l'Ordre du mérite, Officier des Arts et Lettres, Médaille de Beaumarchais, Médaille de la Société des auteurs et compositeurs dramatiques, Médaille de la Résistance, Médaille de la Reconnaissance Française et Légion d'Honneur (introduite également par Jean-Jacques Gautier).

Odette en juillet 1994.

Au décès de Moussa, beaucoup de témoignages de sympathie d'amis, de gens de théâtre ont été adressés à Odette. Tous plus émouvants les uns que les autres dans l'évocation de l'homme Moussa, mais il y en a un que je souhaite retranscrire, prémonitoire, il englobe Odette dans son témoignage. *« Le vieil athée que je suis ignore les saints, mais si ce mot existe, j'ai rencontré un jour, dans une salle de théâtre un couple exceptionnel : Odette et Moussa, Moussa et Odette. Au plus profond de la barbarie vous avez agi... Vous fûtes des Saints ! Avec vous, on pouvait encore croire en l'humanité, à la fraternité, à la justice. »*

Ces mots ne sont pas excessifs, mais par crainte de redondance je ne mêlerai pas ma voix à celles de tant d'autres. Je dirai simplement que continuer à les aimer n'est pas seulement une question de sentiments, mais de mémoire : qu'elle nous soit fidèle pour être nous-même fidèles à ceux qui nous permirent une re-naissance. Essayer à ma mesure, dans les actes d'engagements qui sont les miens, d'être digne de cet héritage qu'ils nous ont transmis et que Moussa, au Sénat, le 21 mai 1995, a martelé : *«Depuis qu'on a re-trouvé ces enfants, la question qui revient souvent est celle-ci : comment vous remercier ? La réponse sera brève : vous n'avez pas à nous remercier, parce que vous ne nous devez rien. C'est nous qui sommes vos débiteurs. Vous nous avez donné une leçon de dignité, de courage. Vous n'avez pas à nous remercier parce que nous appartenons à la génération de toutes les utopies, de toutes les illusions, de toutes les lâchetés aussi. Nous n'avons pas su vous éviter ces malheurs. J'appartiens à une génération qui faisait la queue pendant des heures à la porte de la Mutualité et de Wagram, pour avoir l'honneur d'entendre André Malraux, et Aragon, et Vaillant-Couturier, et Marcel Cachin, et Jean Guéhenno et Léon Blum, et le Professeur Langevin. Et qu'est ce qu'ils nous disaient tous ? Le fascisme ne passera pas. Et je rentrais dans ma petite chambre de la Cité Universitaire, rasséréné. Le fascisme ne passera pas ! Il est passé ! Et nous savons ce qu'il nous en a coûté. Alors, de grâce, ne nous remerciez pas : vous ne nous devez rien. Mais Attention ! Si vous ne nous devez rien, vous devez à beaucoup d'autres. Qu'est-ce qu'un enfant caché ? Un enfant caché, c'était un enfant en danger. C'était un enfant qui avait besoin des autres. C'était un enfant qui risquait de mourir. Alors je vous demande, je vous en prie : regardez autour de vous. Pensez aux enfants du Rwanda, aux enfants de la Somalie, aux enfants des trottoirs de Manille, aux enfants de Sarajevo. Ce sont des enfants cachés ! Et vous leur devez quelque chose ! Alors FAITES QUELQUE CHOSE POUR EUX ! Et si vous n'avez pas les moyens de faire quelque chose pour eux, alors CRIEZ ! HURLEZ ! N'acceptez pas que dans ce monde on tue, à quelques centaines de kilomètres de chez vous ! »*

TÉMOIGNAGES

MOUSSA ET ODETTE, par Robert Pouderou

MOUSSA. *J'ai rencontré Moussa Abadi à l'époque de la publication de son livre* La Comédie du théâtre. *C'était au cours d'un déjeuner rue des Écoles. Ce déjeuner a été suivi de beaucoup d'autres. Et pendant des heures et des heures j'ai été sous le charme des récits, des évocations de Moussa, liés presque toujours au Théâtre. J'ai découvert le conteur : un magicien du verbe qui savait porter les mots jusqu'aux nuages. J'ai connu le président de l'aide à la création dramatique attentif aux auteurs vivants et qui m'a généreusement témoigné son estime aussi bien pour mes pièces traitant du désordre amoureux que pour celles, plus ambitieuses, qui* « brisaient les silences de l'Histoire de France » *comme l'a récemment écrit un critique, Gilles Costay, dans l'Avant-Scène. Enfin, j'ai connu l'homme Moussa : ses positions fermes et claires sur ce qui forge un citoyen avant tout serviteur de ses devoirs envers les autres et exigeant défenseur de leurs droits. Je n'ai jamais rien su de ses actions de résistance pendant la guerre sauf lors de nos deux ou trois derniers entretiens. Moussa ne m'a livré principalement que les moments les plus cocasses, les plus pittoresques de la vie. Sa pudeur retenait tout, il ne prenait jamais la pose.*

ODETTE. *Je l'ai rencontrée, la première fois, dans le hall du Poche Montparnasse et je me souviens de son regard d'une bienveillante curiosité. Plus tard, et en plusieurs occasions, nous avons longuement échangé nos impressions sur le spectacle que nous venions de voir. Et puis, un jour, j'ai lu* Terre de Détresse, *un récit de sa déportation que j'ai salué avec respect et admiration par une lettre que je lui ai adressée et dont je me permets de donner ci-après un large extrait : « Toutes vos compagnes du camp m'ont touché ; elles ne se composent pas une grandeur morale, elles restent le plus souvent au service de la vie la leur et celle de leurs camarades et, au cœur de l'enfer, elles sauvent l'espérance d'un monde meilleur. On devrait sortir de votre livre vidé de toute espérance, or, j'en suis sorti réconforté : cela tient à votre manière de nous raconter avec simplicité – il faut pour cela une force de caractère exceptionnelle – ce grand voyage au bout de l'immonde que vous avez vécu avec elles, à votre façon de vous tenir, non au centre mais parmi elles et de "filigraner" votre écriture d'un tendre sourire, sourire amusé et curieux comme celui de l'enfant que vous avez préservé en vous et qui fait échec au malheur absolu. » Après la mort de Moussa, je n'ai rencontré qu'une seule fois Odette et nous avons longuement parlé de… LUI, de son œuvre de conteur et de ses écrits de la fin qu'elle voulait porter à la connaissance d'un large lectorat. En juin 1999, je lui ai proposé de nous revoir avant mon départ en Périgord pour le "Festival de la Mémoire des Humbles" ;* « nous nous verrons à votre retour », *m'a-t-elle dit.*

A mon retour, il y a eu cette annonce de son départ dans Libération, *et quelques jours après, SA LETTRE avec une partie dactylographiée pour tous ses amis et une seconde partie à la plume, personnalisée, où elle me disait l'affection que Moussa me portait, et combien il appréciait mon théâtre.*

Voilà, Odette. Voilà, Moussa.

Encore une fois, merci de m'avoir élevé au rang de notre AMITIÉ.

R.P.

Robert Pouderou est l'auteur d'une cinquantaine de pièces jouées à Paris, en province, à l'étranger. Une vingtaine ont été diffusées par Radio France (France Culture essentiellement) et par la Radio Suisse romande. Il a crée le « *Festival de la mémoire des humbles* » en Périgord en 1994, assurant quasiment toutes les mises en scène. Il a réalisé un docu-drame sur la résistance en Dordogne (2002), « *Liberté nous Voilà* » et obtenu le prix Radio de la SACD en 2002.

*****

ODETTE ET MOUSSA, par Guy Foissy

J'aurais eu cette chance dans ma vie d'être l'ami d'Odette et Moussa Abadi, ce couple d'exception. Je le dis profondément, avec toute ma sincérité, ma vérité, j'aurais eu cette chance immense dans ma vie. Je garde le souvenir de nos échanges, ces moments chaleureux, dans la simplicité, la modestie, la discrétion. Brûle encore le souvenir de ces heures privilégiées où, tous les quatre, nous dégustions cette chance d'être ensemble.

Mon passé Abadi est un passé de théâtre. Avec Odette, il était tellement attentif au théâtre en marche, à ce qui se créait, ce qui s'inventait. Il était un des rares critiques dramatiques à connaître, à aimer, à côtoyer les nouveaux auteurs. Les fiches qu'il a rédigées avec Odette sont une source précieuse de connaissances du théâtre, de l'écriture dramatique de la seconde partie du XXe siècle. Il était un des plus vigilants témoins et acteurs du théâtre d'aujourd'hui. Son ouvrage, La Comédie du théâtre, *fut d'une lecture roborative pour tous ceux de ma famille théâtrale, ceux pour qui le mot sincérité est le maître mot du théâtre, loin des esbrouffeurs, des coureurs de mode et de subventions (parfois les mêmes). Il était pour eux sans pitié. Il était un des rares à oser le dire, pour notre joie et notre réconfort.*

Je lui dois beaucoup. Il était ma référence, le point de repère dans ma vie d'auteur. Dès que j'écrivais le moindre texte, si court soit-il, je le lui envoyais. Il le lisait immédiatement, me téléphonait sans délai, pour m'en parler. Indulgent, trop souvent, il lui arrivait de réagir avec une merveilleuse franchise et parfois d'être sévère. Il lui arrivait d'être excessif, tranché dans ses réactions. Illustration de son caractère entier, droit, sans concession dont parle Andrée Poch-Karsenti. Illustration aussi de son amitié, de son total don d'amitié. Il aura eu, je le sais, une influence bénéfique sur mon travail d'auteur, sur mon appréhension du théâtre.

Il me manque. Ils me manquent tous les deux. Encore aujourd'hui, il m'arrive de murmurer : « Il faudra que j'en parle à Moussa. Il faudra que je lui envoie… »

Quelle émotion en lisant les belles pages écrites par Andrée Poch-Karsenti en hommage et reconnaissance à mes chers, à nos chers Odette et Moussa. Depuis leurs disparitions (celle d'Odette fut son ultime acte d'amour), j'ai eu la révélation bouleversante que, malgré l'amitié profonde, l'affection, la fidélité qui nous unissaient, ils avaient été d'une grande discrétion sur tout un pan glorieux de leur vie. Modestie, humilité, réserve ; c'était une autre époque, leur autre vie. Ce qu'ils avaient accompli, ils l'avaient fait parce que c'était normal. Simplement normal.

J'ai appris un jour, je pourrais dire presque par hasard, qu'Odette avait connu les horreurs des camps de concentrations nazis. Elle en parlait peu, restait évasive. Discrète. Ce fut un éblouissement tragique quand j'ai lu son terrible et sobre récit de sa détention au camp d'Auschwitz puis de Bergen-Belsen Terre de détresse. *Elle avait jugé, la fin de sa vie venant, qu'il était nécessaire, pour les hommes et les femmes d'aujourd'hui et de demain, de témoigner.*

J'ai compris aussi l'ampleur de l'action du Réseau Marcel qui sauva de la mort 527 enfants juifs, quand ils me demandèrent un jour (j'habite à Grasse) de les « promener » *dans l'arrière-pays niçois, pour revoir quelques-unes des communes où ils les cachèrent, avec la complicité des communautés religieuses sous l'autorité de Monseigneur Rémond, dans des écoles catholiques.*

Que dire aussi de l'émotion ressentie quand j'ai rencontré, il y a peu, des survivants de ces Enfants Abadi *réunis dans la même ferveur, cherchant aussi à revoir les lieux de leur enfance traquée, de leur enfance volée.*

Les Enfants Abadi… Odette et Moussa, couple de justes, parents de cette nombreuse famille, mère et père de ces enfants à qui, ils n'ont pas donné mais conservé la vie, la leur re-donnèrent. Merci, merci de tout cœur, à Andrée d'avoir avec talent, avec sincérité (encore ce mot… il représente si bien Odette et Moussa, avec le mot « donner ») voulu préserver leur mémoire pour les générations futures... Grâce à elle, j'ai le sentiment de les connaître mieux.

La mémoire...

Moussa avait voulu préserver la mémoire du petit peuple du ghetto de Damas, dans son magnifique La Reine et le calligraphe. *Ne jamais oublier... Jamais.*

Je voudrais dire combien mon chagrin était grand. Je n'en ai pas fini de les pleurer.

G.F.

Auteur de théâtre, Guy Foissy a 22 ans lorsque deux de ses pièces *(Saracanas* et *Le Passé Composé)* sont produites au théâtre de la Huchette, il est joué depuis 1965 en France et à l'étranger, notamment au Japon avec sa pièce *En regardant tomber les murs.* Plusieurs troupes dans ce pays interprètent ses œuvres, et l'une d'elles s'est rebaptisée « Théâtre Guy Foissy ». Il est traduit en 15 langues et son théâtre est interprété dans plus de 30 pays.

En 2006, son œuvre est riche de plus de 80 pièces. Il est également président de la Compagnie 73-Théâtre de Cannes.

*****

Odette et Moussa par Jacqueline Denechère

L'amitié est indicible. Ce que j'écris ne t'apportera pas grand-chose pour bâtir un portrait d'Odette et Moussa. Il y avait entre nous des fils ténus qui m'ont attaché à eux sans que je puisse exprimer pourquoi ils ont été si solides. Sans doute avais-je pressentis que l'admiration que je leur vouais avait ses rai-

sons. Il m'ont tant donné, je leur dois tant que les mots ne signifient rien pour leur dire : merci.

J'ai connu Odette fin 1952, début 1953, et la première fois que je l'ai rencontrée, ce qui m'a frappée c'est son regard. Des yeux bleus magnifiques qui vous fixaient intensément comme pour vous découvrir au plus profond de vous-même. Des yeux rieurs, malicieux ou graves. Des yeux mystérieux aussi…

Ma vie active m'ayant éloignée de Paris pendant plusieurs mois, nous nous sommes entrevues plus que vues, jusqu'en 1959, mais nous saisissions la moindre occasion pour nous retrouver. Et au travers de « papotages » anodins sur des problèmes quotidiens ou de discussions enflammées sur les sujets brûlants d'actualité, nous nous découvrions. Sur un ensemble d'affinités ou de divergences nous construisions par petites touches cette amitié « impressionniste » qui ne s'est jamais altérée, jusqu'à la disparition d'Odette.

De sa vie professionnelle, elle ne voulait pas parler, des camps, pas davantage. Nous n'abordions pas non plus sa vie familiale. Je savais que sa mère et sa sœur étaient mortes en déportation et je ne voulais pas raviver sa douleur.

Odette ? Ce qui l'intéressait, c'était la vie des autres, la vie dans le monde. Par sa joie de vivre, sa légèreté, sa générosité, cette petite bonne femme me fascinait. Elle accordait tant d'attention aux autres, aux miens et à moi-même !

Mon engagement politique à gauche lui convenait. En revanche, mes positions trop tranchées, voire sectaires, l'indisposaient. Elle pouvait tout comprendre, elle ne pouvait pas tout admettre. J'ai découvert en elle, cet esprit laïque fait d'une vraie tolérance, lucide, où prime le respect de l'autre, mais sans jamais abandonner une certaine exigence dans les rapports réciproques.

Ce n'est qu'en 1959 que j'ai rencontré Moussa, dont Odette parlait peu. Très vite, j'ai compris que ces deux êtres étaient indissociables. D'emblée, j'ai su que je serais à l'aise avec cet homme-là. Son regard était direct, profond, vrai comme celui d'Odette. Il n'a pas dit grand-chose, mais ses yeux vous sondaient en vous interrogeant. Il y avait une grande douceur derrière cette belle voix grave. J'ai tout de suite compris qu'il avait un humour féroce et qu'il ne m'épargnerait pas ! Par la suite, Odette et Moussa firent connaissance avec Catherine, ma fille.

Catherine et Moussa se sont conquis sous le regard amusé d'Odette, Moussa toujours grand séducteur ! À partir de ce jour là, le rapprochement fut encore plus grand entre les Abadi et moi, Catherine devenant le nœud fort de cet attachement… Moussa était un peu le professeur, l'enseignant. Odette, elle, la confidente, celle avec qui Catherine pouvait parler de ses copines, de ses envies de « jeune ».

Moussa séduisait par sa façon de parler du théâtre. Il racontait son métier, s'enfiévrait autour de la littérature, communiquait son enthousiasme à Catherine. Il aimait transmettre son savoir.

Sans jamais m'avoir révélé le magnifique sauvetage de « leurs enfants cachés », *je ressentais, moi, chez ces deux personnages leur Amour des enfants. Ce serait incomplet de ne pas dire combien le théâtre a été un lien fort entre eux, Odette ayant accepté d'être la secrétaire de Moussa en plus de sa fonction de médecin, parce qu'elle-même « accro » au théâtre. Ensemble, ils semblaient rattraper le temps perdu pendant leur séparation.*

En vacances, ils partaient heureux d'être seuls, de vivre l'un pour l'autre pleinement. Il y avait tant de complicité entre eux.

Le jour de l'enterrement de Moussa j'ai vraiment senti Odette désemparée, désespérée. Elle se voulait forte, solide, mais à chaque voyage à Paris, ce n'était plus mon Odette. La dernière fois que je l'ai vu, c'était à la Closerie des Lilas ; je l'ai trouvée nerveuse, moins joyeuse. Je suis revenue en Anjou sans toute fois soupçonner que c'était notre dernière rencontre, nos derniers baisers. Puis il y a eu cet appel d'Annick : notre Odette était partie sur la pointe des pieds avec élégance et discrétion comme elle l'avait toujours été.

Elle est toujours auprès de nous, accompagnée de son Moussa… mais quel vide !

J. D.

....

....

....

....

....

....

....

....

....

....

....

....

....

....

....

....

....

....

....

....

....

....

....

....

....

....

....

....

....

....

AVIS DE RECHERCHE

DES PAGES BLANCHES en fin de récit, une erreur de l'imprimeur ? Non. Inhabituel ? Certes. Pourquoi ? Pour vous, Armand, Jeannette, Marthe, Maurice, Max, Suzanne, Julien, Françoise, Simon, David, Gisèle... et les Autres. Pour vous enfants qui avaient aussi été cachés à Nice, et dans la région, vous qui n'avez pas encore découvert les acteurs de votre survie.

Vos prénoms sur un bulletin associatif et pour beaucoup d'entre vous ce fut le jaillissement d'un passé parfois inconnu. Tous vous êtes invités dans l'anti-chambre de la mémoire pour que l'anachronisme d'une page blanche, mais néanmoins, déjà écrite apparaisse, mêlant votre récit à l'époque où, enfants, vous furent confiés au Réseau Marcel.

Entrelacez votre récit au mien, tissez ces liens qui feront de ce passé et du présent un tout enfin réconcilié avec une partie de vous-même.

Tous étrangers, et pourtant, tous liés par cette étrange fratrie du hasard, réunis afin de préserver notre mémoire, à laquelle indissolublement nous y attachons celles d'Odette et Moussa.

MES PAGES BLANCHES

MA CHÉRIE.

Voilà, l'incroyable arrive : j'ai soixante-et-un ans. Mon état civil en un premier temps, mon miroir (bien qu'indulgent) et des photos en un second temps, m'affirment cette réalité. Je pense à ceux qui m'ont dit : « J'ai soixante ans… comme les années ont filé. J'ai toujours l'impression d'avoir 20 ans ! »

Aujourd'hui, je suis comme eux. Retraitée depuis quelques mois, je m'immobilise un instant sur le chemin et tourne la tête. Je vois venir à moi une petite fille comme toi. Blonde, yeux bleus, toute en rondeurs et en fossettes, rieuse, volontaire.

Heureuse ? Je l'ai sûrement été les trois premières années de ma vie, entourée de mes parents, de deux grands frères, de cousins, tous « martyrisés » (si j'en crois leurs dires) par cette petite bonne femme ! Puis, le 8 novembre 1943, mon monde s'est écroulé. Il l'était déjà pour d'autres milliers d'êtres, mais à trois ans que sait-on de l'horreur ? Par la suite j'ai appris la destruction de six millions de juifs. Ils s'étaient vu refuser le statut d'hommes, du seul fait de leur origine religieuse.

À l'âge adulte, et encore maintenant, je m'interroge sur ce judaïsme qui pour moi n'est pas une religion, mais une appartenance et qui depuis deux mille ans fait l'objet de vœux de mort.

Ma mère, mon père, sa sœur Rosa venue en visite, sont arrêtés à notre domicile. Nous, les enfants, ne devons notre salut qu'à notre absence des lieux : les garçons placés en institution en Suisse, moi chez les voisins, les Rous, amis de nos parents.

Depuis cette époque, une étiquette m'a suivie à la trace : « enfant cachée » *et, pire, vers l'âge de douze ans, chez ma tante,* « ma nièce, l'orpheline », *une espèce de commisération qui m'a remplie de honte.*

Peux-tu imaginer cela, petite Léa ; toi qui aura ce même âge dans quelques semaines ?

Ne plus avoir droit à une existence au grand jour, se fondre dans l'anonymat, ne plus être, sauf pour des gens sans scrupules, la représentation d'un gain ? Et ce n'est pas le pire : je n'ai pas vécu la torture et je suis vivante. Mais les blessures intérieures ont laissé des cicatrices, des béances qu'il est impossible de combler. Je découvre depuis peu que toute mon enfance, mon adolescence, une grande partie de ma vie de femme, j'ai continué à me « cacher », comme une seconde nature, dans un état permanent qui m'écrasait.

Enfant cachée : mes souvenirs remontent à une journée précise. Une dame (je suppose que c'était Jeanne Rous) m'accompagne dans un lieu que je ne connais pas, et qu'encore aujourd'hui, je n'ai pu identifier. Il y a une grande salle, des secrétaires qui s'activent devant des machines à écrire. J'ai peur : je SAIS que je vais être abandonnée, et je hurle.

Je hurle avec force, désespoir, éclatement, à tel point que je dérange le travail d'une secrétaire qui se lève pour fermer la porte ! Je n'en ai cure, car ma douleur est profonde, immense et que je ne veux pas être laissée !

Ensuite ? … J'ai des images de lieux. Cannes d'abord, ou Grasse ? Un portail auréolé de glycines, (est-ce de cette époque que cette plante m'émeut ?), une demeure imposante, mais surtout, cette notion que c'est tout à la fois une maison d'abandon et une cache. Cette institution accueille des enfants sans parents, mais aussi des enfants juifs, grâce à un couple hors du commun, Odette et Moussa Abadi, qui créent un réseau d'aide aux enfants juifs. Ils sollicitent pour cette action l'aide de Monseigneur Rémond, prélat de Nice, qui leur fait ouvrir les portes des institutions religieuses.

Odette déportée, c'est une autre assistante sociale qui s'assure que je me porte bien lors de ses visites. Malheureusement, elle est aussi déportée quelques mois après.

Je voudrais tellement te raconter ce qu'étaient ces êtres aimés et que je n'ai, hélas, retrouvé qu'en 1995… mais pour eux il faut des pages et des pages : ce sera pour une autre histoire.

Dans cette maison, je suis envahie de compassion pour une petite fille de six mois, face à ce qui m'apparaît comme le comble de la souffrance : l'abandon. Je lui donnais le biberon, mais surtout j'aurais voulu calmer ses larmes, abondantes et ses sanglots presque silencieux qui la secouaient de désespoir. J'ai environ trois ans et demi et la meurtrissure, le manque m'habitent. À la fin de la guerre, recueillie moi-même par oncle Jean, j'avais demandé qu'il écrive pour avoir de ses nouvelles. Je crois qu'elle a par la suite été adoptée.

Malgré tout, des images, des odeurs s'échappent de ma

mémoire : celle du pain grillé qui me signe le premier jour de la semaine dont je prends conscience. Nous sommes donc dimanche. Il aura fallu être sage toute la semaine pour ne pas se voir supprimer l'immense privilège de monter en voiture pour aller à la messe ! Et là, quel bonheur ! Au « balcon », surplombant la nef, d'assister au spectacle de cet homme au vêtement brodé d'or, d'entendre l'orgue, de sentir l'encens qui s'envole au rythme de la cloche lors de l'élévation, et courir et jouer à cache-cache, dans l'innocence de l'enfance. Longtemps « après » à Metz, je ne pouvais passer devant une église sans y pénétrer, les yeux clos, humant cette odeur, absorbée par tous mes sens.

Je me souviens du soleil, de l'oisillon tombé du nid soigné et ramené ensuite au pied de l'arbre, mais aussi de ces nuits de cauchemar où le cœur, gong violent, frappe dans la poitrine, résonne aux oreilles. Où, de l'obscurité de mes songes, des images affluent : je suis couchée dans le dortoir (que j'ai très vite partagé avec d'autres enfants arrivés peu après moi), cachée (encore !) entre le matelas et le sommier car les Allemands viennent me chercher. Je retiens mon souffle, mes gestes pour leur échapper. Vibre encore en moi cette imminence du danger qui par sa violence me ramenait à la réalité tempes moites. Seules les respirations de mes camarades de chambrée telles des murmures m'apaisaient au bout de longues minutes. Je me rendormais et les soirs de chance, ne reprenais pas mon rêve… jusqu'aux jours suivants. Pendant des années ces images furent récurrentes et l'effroi toujours le même.

À Grasse, il y avait l'école organisée dans la cour. Il y avait un coin jardin potager (mais était-ce à Grasse où à Cannes ?) un petit pont avec un cours d'eau murmurant, mais pour moi c'était un fleuve et je ne le franchissais jamais sans appréhension.

Que de temps l'ai-je scruté, certaine que Dany mon cousin, mon frère de lait, disparu soudainement un jour, s'était noyé ! L'ai-je cherché du matin jusqu'au soir dans le jardin, dans la maison, en pleurant, certaine de sa mort. Il n'était pas d'usage en ce temps-là d'expliquer aux enfants les différents événements : la mère de Dany était venu le chercher et, momentanément, je restais encore à la « Maison Des Enfants »... *Plus d'un demi-siècle après je ressens cette même angoisse face à la séparation. Angoisse qui ne m'a jamais plus quittée y compris lorsque mes propres enfants partaient en colonie de vacances ou pour tout autre motif. Ils s'en souviennent encore ! Et ta maman pourrait te raconter l'histoire des trains, des avions à prendre après le départ du groupe, les arrivées (à peine remarquées !) en colonie, bons derniers parce que je me trompais sur les jours et heures des rendez-vous !*

Savoir est une chose, maîtriser en est une autre. Chaque séparation affective, fusse-t-elle provisoire, m'a re-projetée dans ce temps ancien présent avec violence et fracas suivant les circonstances.

En plus de l'école, à Grasse, il y avait aussi la sieste dans la cour, les repas, les jeux souvent interrompus par le rugissement des sirènes. Je me souviens du ballet frénétique des adultes qui nous poussaient au sous-sol de crainte que le « ciel ne nous tombe sur la tête » !

Puis les Alpes-Maritimes furent libérées. Je sentais, sans plus d'explications, une moindre tension ambiante et l'espoir renaître. Quelle étrange impression de retrouver un sentiment dont je n'avais pas perçu l'absence ! Cet espoir résidait dans le simple fait de pouvoir à nouveau dire « maman », « papa ». *Des êtres qui soudain réapparaissaient comme sortis de l'ombre, dont je n'avais plus la mémoire des visages, mais une seule perception de leur réalité par ces deux mots. Espoir a jamais déçu.*

J'ai quitté Grasse pour Cannes, sans que je puisse te donner une mesure de temps.

Après ? J'ai retrouvé Dany, sa sœur Adly, mes frères si grands (15 et 16 ans) à Nice. Pour une petite fille de six ans (moins deux mois et dix jours, ça compte, surtout dans ces circonstances lorsqu'il faut tricoter des morceaux de sa propre histoire). J'ai, paraît-il, fait remarquer qu'avant, j'étais dans une autre maison, avec une autre maman… puis, j'ai tout enfoui, tout effacé, tout oublié, tout « caché ».

Oncle Jean, jeune frère de mon père, démobilisé, est venu me chercher. Voyage en train jusqu'à Metz, entrecoupé de sommeil, veille, « mal au cœur, angoisses, vomi, quoi ? ». *Il fallait toute une journée pour ce déplacement. À l'arrivée, sa femme, tante Margot nous attendait. Visage long, pommettes saillantes envahies par les tâches de rousseur, cheveux aux reflets roux relevés par moitié derrière la tête. Souvenir saisissant : tonton m'a soulevée et passée par la fenêtre du compartiment sur le quai, afin d'aller plus vite ! Je me sentais comme étrangère à moi-même. Peu à peu, la vie à trois s'est nouée. Tante Margot était douce, oncle Jean bourru mais aimant. Je devais penser qu'ils étaient mes parents, car tonton, un samedi (ce que c'est que la mémoire !), au retour de l'école, m'a prise sur les genoux pour me dire qu'ils ne l'étaient pas. Je me souviens d'être restée perplexe.*

– Où ils sont alors ?

– Ils sont morts.

– Mais, tu m'aimes ?

– Oui.
– Comment s'appelait ma maman ?
– Rose.
– Alors ce sera le nom de ma poupée.

Je suis restée environ un an à leur domicile, rue Pasteur. Une année où jamais je n'ai parlé de mes parents, où je n'ai eu la conscience d'une souffrance, d'un manque. Tonton était sévère, mais il m'a tellement appris : le football et les entraînements, la boxe, les patins à roulettes… et ses colères !

Avec lui j'ai appris la fête : les anniversaires, où la gageure de la réalisation des vœux tient à la puissance du souffle du héros du jour ; Noël et sa profusion de paquets ; Saint-Nicolas et son pain d'épices aujourd'hui introuvable (sans oublier le père Fouettard, qui me terrorisait). Maintenue par le fond de la culotte, sillonnant de long en large l'appartement, j'acquis mes premiers rudiments de patins à roulettes ! J'ai aussi appris l'humanisme : ne jamais fermer sa porte aux malheurs des autres.

Comment oublier cette fureur, cette rage, qui m'ont envahies, lorsque la jeune fille qui me gardait n'a pas voulu ouvrir la porte à la bohémienne et son enfant ? Outrage réparé le lendemain par tonton : j'ai pris à pleines mains les cadeaux, bonbons, chocolats de Saint-Nicolas pour l'enfant qui me paraissait être du même âge que moi.

Mon cœur débordait d'amour, et je me sentais favorisée par rapport à lui. Oncle Jean m'a arrêtée, et là encore, tout doucement, il m'apprenait la mesure, lui qui était la démesure dans ses fureurs, ses punitions. Il avait cependant, avant toutes les théories sur la psychologie de l'enfant, son bon sens et son regard.

Il ne m'a pas grondée lorsque je suis partie seule au manège en traversant une bonne partie de la ville. Je n'ai pas été étonnée de le voir soudain au bord du manège, inconsciente de ma hardiesse, et son sourire flotte encore devant mes yeux lorsque triomphante j'agitais le pompon tant convoité. Il m'a laissée aller au bout de mon bonheur, puis m'a prise par la main pour rentrer à la maison, me faisant comprendre, tout au long du chemin, son angoisse face à ma disparition, sa recherche. J'avais pris pour m'offrir mes tours de rêves des pièces de vingt anciens francs, jaunes, brillantes, dans un petit tiroir où tante Margot les rangeait, en collectionneuse, régulièrement.

Ce jour-là, j'ai appris le respect des règles de la société et l'un de nos dix commandements : « Tu ne voleras pas. » *Je passe sur les chaussures laissées en haut des arbres, sur la monnaie rendue après les courses et disparue pour avoir été mise dans le filet à provisions ! En ce qui concerne les ardoises, j'étais dans l'expérimentation : mon oreille est encore toute frémissante du "clac", souvent différent, que faisait l'ardoise placée dans mon cartable lancé en l'air, lorsqu'il retombait sur le trottoir. Point de punition, mais un questionnement :* « Pourquoi une ardoise cassée par jour ? », *suivi d'une leçon sur le respect des choses matérielles, leur coût. Tout cela en douceur.*

Éducation si contrastée, mais si riche. Pourquoi ne suis-je pas restée chez eux ?

Oncle Jean, tante Margot, les parents de Dany travaillaient. Lui et moi nous sommes retrouvés en Alsace, à Ribeauvillé, en internat. De notre âge était seul présent un garçon prénommé Paul. J'étais l'unique fille. Les autres pensionnaires me paraissaient très grands. Je suppose aujourd'hui que les tranches scolaires s'étendaient de la sixième à la terminale.

Nous allions à l'école du village tous les trois. C'était un petit village charmant. Notre itinéraire nous faisait passer sur un petit pont de pierre pour arriver à une place fleurie. C'est ainsi qu'après une leçon d'instruction civique, nous nous sommes acharnés à vouloir aider une vieille femme à tirer un chariot chargé de fagots de bois. Nous étions en hiver, le petit chemin verglacé aboutissait sur la route principale en dos d'âne. L'effort à accomplir pour aller jusqu'au bout de notre « bonne action » *journalière nous a sûrement paru trop important et, malgré les dénégations de cette pauvre femme, nous avons pris l'option de pousser le chariot dans la descente, soit, à l'opposé du trajet qu'elle souhaitait emprunter ! J'ai encore cette vision digne d'un film comique, d'une silhouette de noire vêtue levant les bras au ciel, tout en essayant de courir après son bien.*

La propriété était grande, entourée d'un immense jardin et nous avions interdiction de parler à l'homme chargé de son entretien. Celui-ci semblait enfermé dans un isolement total et une réprobation générale. J'ai su que c'était un prisonnier de guerre allemand. Je l'observais de loin et me souviens des pensées qui m'agitaient sans ordre, bousculées et surtout sans réponses.

A posteriori, *je peux dire avoir eu vraiment la conscience d'être orpheline. C'était comme si je portais silencieusement le deuil de mes parents. Peut-être avait-il lui aussi tué des gens ? Avait-il des enfants qui l'attendaient en Allemagne ? Il levait la tête et de loin me souriait. Je ne pouvais m'empêcher de lui trouver un air gentil et un jour, le cœur battant, comme bravant le plus grand des dangers, je me suis avancée vers lui, une pomme offerte dans ma main ouverte.*

Nos regards se sont croisés. L'étonnement, l'incrédulité, puis un si gentil sourire en avançant la main pour prendre le fruit. Je me suis enfuie à toutes jambes, paniquée par la peur d'être surprise en flagrant délit de désobéissance. Je ne me suis plus jamais approchée de l'espace défendu.

Je pourrais encore longtemps te parler de ces souvenirs qui soudain affluent. De ce premier Noël où les « grands » nous ont fait la fête, de l'ours en peluche offert avec lequel j'ai entamé une ronde effrénée, de la grosse fièvre qui m'a clouée au lit, des migraines de Dany, de l'odeur de la lessive lorsque j'aidais « tante » Sophie dans sa tâche, des tickets de ravitaillement, du sucre et du chocolat donnés parcimonieusement ! Nous n'avons pas terminé l'année scolaire à Ribeauvillé et sommes revenus à Metz, Dany chez ses parents, moi chez mes grands-parents durant deux ans.

Nous avons fréquenté le même lycée, supporté les mêmes insultes : « Sales juifs. » *Nous avons ensemble affronté la horde de gamins hargneux qui nous pourchassaient en nous insultant, et même si nous avons pris des coups, j'ai la satisfaction d'en avoir donné ! Nous étions dans les années 47-48 et je me souviens de l'étonnement que je ressentais face à ces enfants qui savaient ce que je croyais caché.*

Retirée de chez tonton par sa mère (vraie Folcoche) pour une sordide question d'argent et non pour me garder, j'ai été placée à ma onzième année au collège de jeunes filles à Thionville.

C'est à cette époque qu'à nouveau le chagrin m'a envahie. Une année scolaire à trente kilomètres de Metz sans revenir chez un membre de la famille.

Se trouver en butte avec d'autres enfants forts de leur statut familial, honteuse d'être en marge, ballottée dans la hiérarchisation d'un internat comme dans un monde parallèle, jusqu'au trente juin, dix-huit heures, dernier jour, dernière heure, où le directeur m'a mise à la porte car il devait fermer l'établissement : « Rentre chez toi, je ne peux pas te garder. » *Cela forge le caractère d'une* « enfant » *de onze ans et demi !*

Mais où était-ce chez moi ? La pleine mesure fut l'arrivée à Metz, avec ma tournée chez les uns et les autres… qui me renvoyaient aux uns et aux autres. La nuit tombait. La femme de mon grand-père m'a gardée « pour la nuit, car demain, tu iras à l'orphelinat ».

Il n'était pas bien loin : de l'autre côté du boulevard. Avant le petit matin, j'étais postée devant la fenêtre pour observer cette grosse porte noire. Je n'ai pas fait partie des pensionnaires de ce sinistre endroit, pour d'obscures raisons. Je suis partie avec mes grands-parents au Maroc : ils allaient retrouver leur fille installée à Casablanca.

Encore cinq années, cinq années d'adolescence, de déchirements, de solitude, trouées de part en part par la gentillesse de ma cousine, les caresses de Fatima ou la complicité rieuse de mon amie Jeannine et de son père : ils m'ont permis de ne jamais avoir peur d'aimer.

Mais je m'égare dans le labyrinthe de mes souvenirs. Depuis que j'ai commencé cette lettre, le temps a encore défilé. Nous sommes le 1er mars, jour de tes trois ans.

Comment t'offrir les joies qui ont jalonné cet espace depuis mes trois ans ? Comment te donner tout l'amour qui, en couches successives, a sédimenté dans mon cœur ? Comment te transfuser mon amour de la vie, te faire sentir, percevoir, humer, toucher que la vie est le plus beau présent offert par tes parents ? Comment te décrire l'ivresse d'un petit matin, juste comme çà, lorsque tu te sens vivante et que les arbres sont en fleurs ?

Alors prends ce papier jaune que tu affectionnes tant, mets tout cela au centre, rabats les bords, et banalement, mets-le sous ton bras pour les mois et les mois à venir. Mais je sais que tout cela est inutile, et heureusement ! Sache vivre, aies l'intelligence du cœur, laisse-toi envahir par la certitude que malgré les vicissitudes, la Vie vaut la peine d'être vécue, extrais-en la quintessence.

Nous sommes toi et moi à la croisée de deux routes. La mienne forcément plus courte. La tienne s'étire en promesses.

Bon anniversaire petite Léa… fille de ma fille.

Mamé

Cinq années se sont écoulées depuis cette lettre à Léa. Les dernières lignes empreintes de cette joie de vivre qui m'a animée depuis mon jeune âge ne peut me faire négliger cette déchirure en moi qu'est la douleur. C'est ainsi, qu'à mon grand regret, j'ai transmis cette souffrance de la Shoah et mon inquiétude permanente sur la déraison des hommes. À dix-sept ans, en écho à mes craintes, mon fils a écrit ce poème…

J'ai peur…

À l'heure des regrets sans espoirs
À l'heure des regards sans révolte
À l'heure des héros de parlotte
Et des Malraux aux heures de foire
J'ai peur…

À l'heure où Solidarité
Ne veut plus dire pauvre Pologne
À l'heure où nos seules vérités
Sont : « la sécu sinon on cogne »
J'ai peur…

À l'heure des phobies, des « faux pas »
Des campagnes pour la haine
Où le pollen est un Sida
À l'heure des ratons de Garenne
J'ai peur…

À l'heure où Barbie tue Shoah
À l'heure où Botha broie du noir
À ce vingt heures, heure des histoires
Où l'Erythrée vient au repas
J'ai peur…

À ce Coran nouveau courant
Qui pour prière offre ses morts
À toutes ces heures qui font des ans
Pour ces otages sous peine de Maures
J'ai peur…

À l'heure d'une seule destinée
Où les becquerels valent famine
A la triste heure du Dieu machine
Où le pêcheur est liberté
J'ai peur…

Philosophes, poètes et peintres
Ayatollahs, Rabbins et Pape
Politiciens de toute étape
Écoutez donc ma folle plainte

Mettons nos bras contre nos têtes
Jetons la flèche et l'arbalète
La tâche est lourde le monde est grand

Mais chaque heure a son propre temps.

Jérôme Karsenti, juillet 1987

ANNEXES

Mg. Rémond et M. Abadi à l'Évêché, mars 1947.

Mg. Rémond montrant la cache des faux papiers, mars 1947.

Pasteur Pierre Gagnier.

Pasteur Edmond Évrard.

Sa Grandeur Monseigneur REMOND
Evêque de Nice

présente et recommande à Messieurs les Ecclésiastiques , aux Supérieurs des Collèges libres catholiques, aux supérieurs des Communautés religieuses et des couvents, Mademoiselle Sylvie DELATTRE, Assistante Sociale, chargée par lui de s'occuper des enfants des Oeuvres du Diocèse. Il insiste pour qu'on donne satisfaction aux demendes de Melle Delattre.

Nice le 29 Septembre 1943

+ Paul Rémond
Evêque de Nice

Sauf conduit établi par Mg. Rémond pour O. Rosenstock.

Nice, le

Sa Grandeur Monseigneur REMOND
Evêque de NICE

certifie que Mr. Moussa ABADI est attaché au Secrétariat de l'Inspection de l'Enseignement Libre et s'occupe de l'évacuation des enfants du Diocèse, conformément aux Instructions Préfectorales et diocésaines.

En foi de quoi il lui délivre le présent certificat pour lui faciliter son travail.

Nice le 4 Février 1944

+ Paul Rémond
Evêque de Nice

Sauf conduit établi par Mg. Rémond pour M. Abadi.

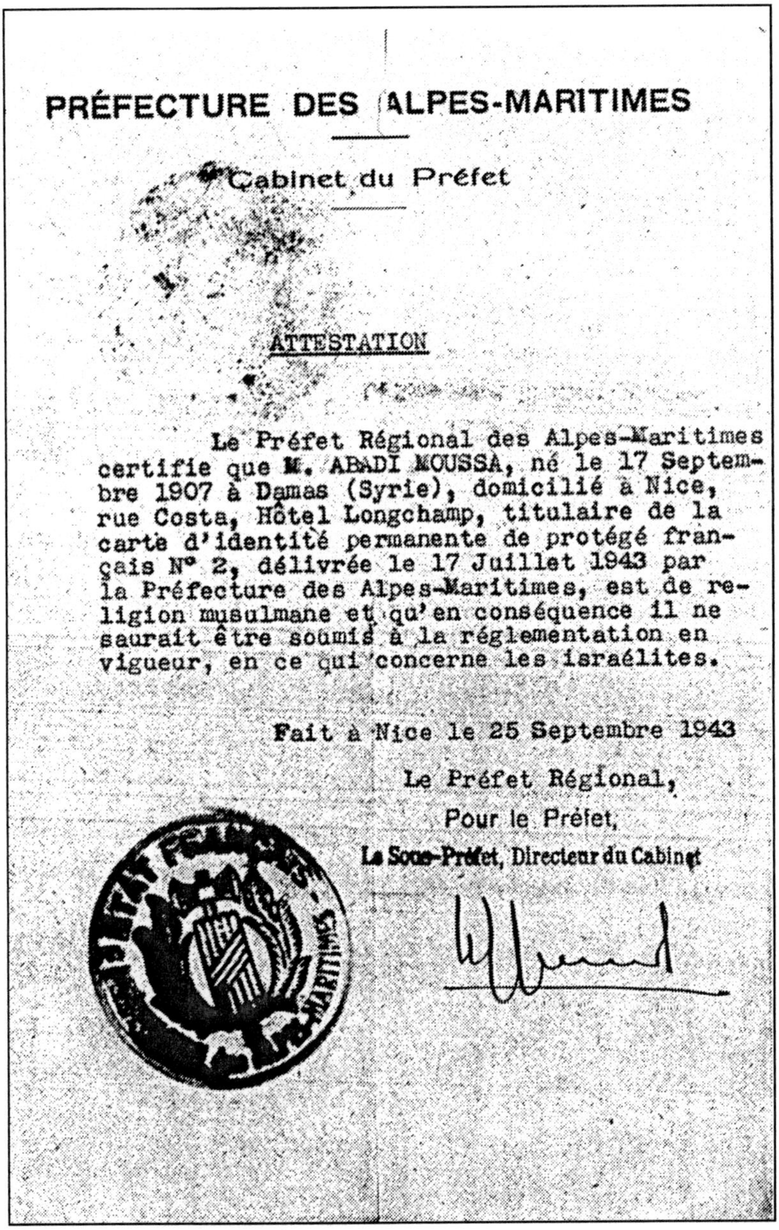

PRÉFECTURE DES ALPES-MARITIMES

Cabinet du Préfet

ATTESTATION

Le Préfet Régional des Alpes-Maritimes certifie que M. ABADI MOUSSA, né le 17 Septembre 1907 à Damas (Syrie), domicilié à Nice, rue Costa, Hôtel Longchamp, titulaire de la carte d'identité permanente de protégé français N° 2, délivrée le 17 Juillet 1943 par la Préfecture des Alpes-Maritimes, est de religion musulmane et qu'en conséquence il ne saurait être soumis à la réglementation en vigueur, en ce qui concerne les israélites.

Fait à Nice le 25 Septembre 1943

Le Préfet Régional,

Pour le Préfet,

Le Sous-Préfet, Directeur du Cabinet

Sauf conduit établi par M. Escande, Préfet, à l'attention de M. Abadi.

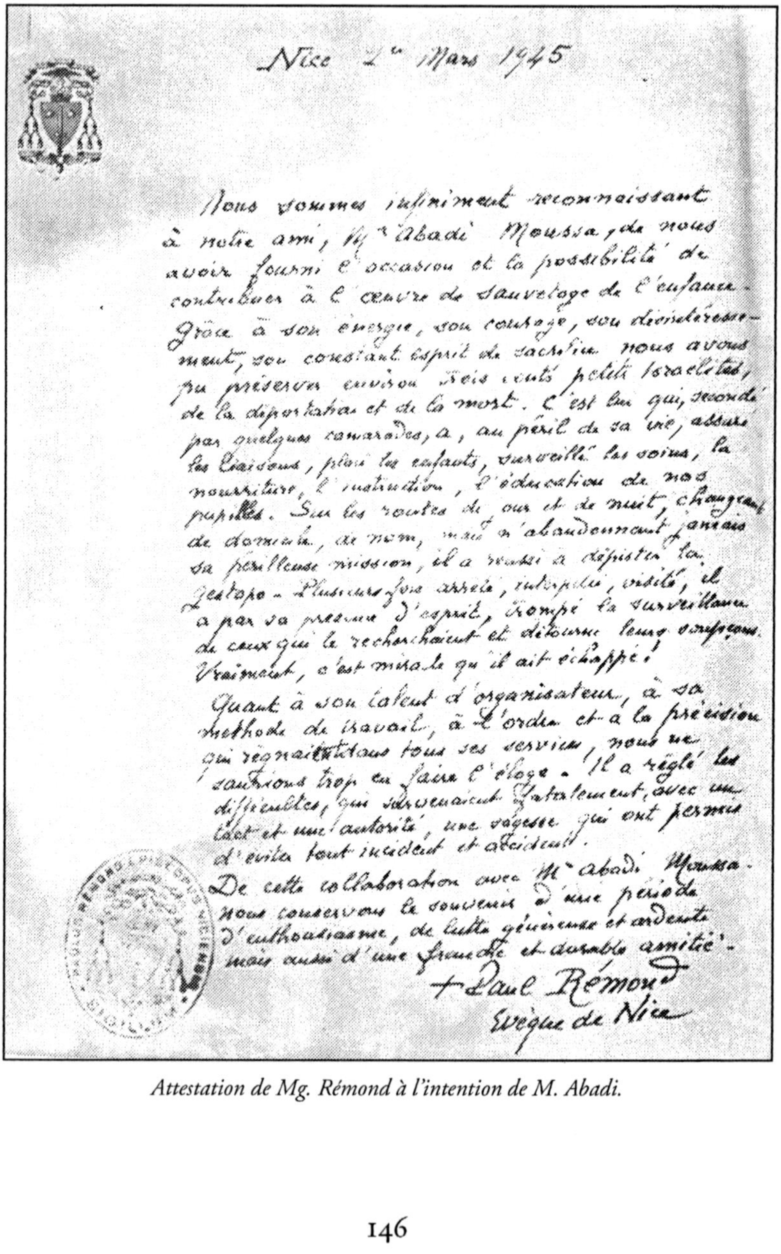

Nice 2 Mars 1945

Nous sommes infiniment reconnaissant à notre ami, Mr Abadi Moussa, de nous avoir fourni l'occasion et la possibilité de contribuer à l'œuvre de sauvetage de l'enfance. Grâce à son énergie, son courage, son désintéressement, son constant esprit de sacrifice nous avons pu préserver environ trois cents petits Israélites, de la déportation et de la mort. C'est lui qui, secondé par quelques camarades, a, au péril de sa vie, assuré les liaisons, placé les enfants, surveillé les soins, la nourriture, l'instruction, l'éducation de nos pupilles. Sur les routes de jour et de nuit, changeant de domicile, de nom, mais n'abandonnant jamais sa périlleuse mission, il a réussi à dépister la Gestapo. Plusieurs fois arrêté, interpellé, visité, il a par sa présence d'esprit, trompé la surveillance de ceux qui le recherchaient et détourné leurs soupçons. Vraiment, c'est miracle qu'il ait échappé !

Quant à son talent d'organisateur, à sa méthode de travail, à l'ordre et à la précision qui régnaient dans tous ses services, nous ne saurions trop en faire l'éloge. Il a réglé les difficultés qui survenaient fatalement, avec un tact et une autorité, une sagesse qui ont permis d'éviter tout incident et accident.

De cette collaboration avec Mr Abadi Moussa nous conservons le souvenir d'une période d'enthousiasme, de lutte généreuse et ardente mais aussi d'une franche et durable amitié.

+ Paul Rémond
Évêque de Nice

Attestation de Mg. Rémond à l'intention de M. Abadi.

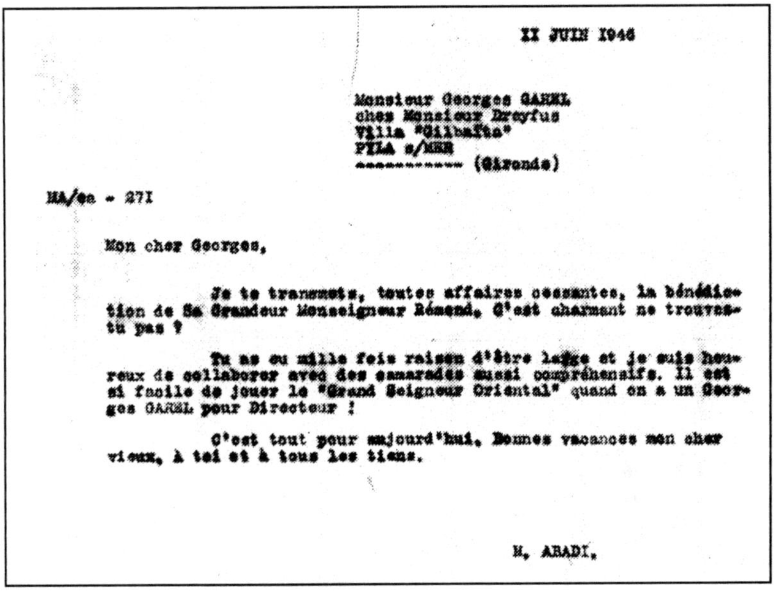

XX JUIN I946

Monsieur Georges GAREL
chez Monsieur Dreyfus
Villa "[illegible]"
PILA s/MER
------------ (Gironde)

HA/ee - 27I

Mon cher Georges,

Je te transmets, toutes affaires cessantes, la bénédiction de Sa Grandeur Monseigneur Rémond. C'est charmant ne trouves-tu pas ?

Tu as eu mille fois raison d'être large et je suis heureux de collaborer avec des camarades aussi compréhensifs. Il est si facile de jouer le "Grand Seigneur Oriental" quand on a un Georges GAREL pour Directeur !

C'est tout pour aujourd'hui. Bonnes vacances mon cher vieux, à toi et à tous les tiens.

M. ABADI.

Lettre à Georges Garel.

ÉVÊCHÉ

DE

NICE

20 Juin 1946

Mon cher Ami,

Monseigneur me charge de vous transmettre la lettre qu'il adresse à Mr. Garel, vous voudrez bien la poster après en avoir pris connaissance.

Je vous joins le double que vous garderez, j'en suis sûre.

Je vous envoie mon meilleur souvenir.

Courrier de l'évêché à Moussa Abadi.

Nice le 9 Juin 1946

Cher Monsieur le Directeur,

Comment vous dire, en mon nom, et au nom de mes prêtres toute la reconnaissance que nous éprouvons à votre égard et à l'égard de l'O.S.E. Vous êtes de ceux, bien rares, qui rendez au centuple le peu de bien que l'on a pu faire. Et comme la façon de donner importe encore beaucoup plus que ce que l'on donne, vous devinez que le centuple est très largement dépassé.

Abadi, notre commun Vicaire Général, s'est acquitté de sa mission de bienfaiteur, en Grand Seigneur Oriental, tel qu'on en voit dans les contes des Mille et une Nuits. Il ne manquait à ses largesses que les loukoums et les cigarettes parfumées de Damas. Mais où sont les neiges d'antan ? Damas est le paradis perdu.

Merci aussi des voeux aimables que vous me renouvelez, à l'occasion de mon jubilé ; Abadi vous représentait tous à la Cathédrale et je n'ai pas manqué de lui décocher une paternelle bénédiction.

Croyez, cher Monsieur le Directeur, à toute ma gratitude et à mon très cordial dévouement.

+ Paul REMOND
Evêque de Nice

Lettre de Mg. Rémond à Georges Garel.

LE PRÉFET
DES
ALPES-MARITIMES

Nice, le 6 Août 1946.

Monsieur le Directeur,

J'ai bien reçu votre lettre du 18 Juillet, dont les termes m'ont été très sensibles.

Avant de quitter le Département je tiens à vous remercier personnellement et, avec vous, tous les Membres de l'Oeuvre que vous dirigez, pour l'heureuse activité que vous avez déployée sans réserve en faveur des enfants que vous aviez déjà pris en charge pendant la clandestinité.

Je vous félicite du magnifique résultat auquel vous êtes parvenu. Je transmets au C.O.S.O.R. et à M. le Secrétaire Général de l'Office Départemental des Mutilés et Pupilles de la Nation, le témoignage de gratitude que votre lettre contient à leur intention.

Je suis heureux de l'empressement avec lequel ces organismes ont répondu à mon désir de seconder votre Oeuvre par tous les moyens en mon pouvoir. Vous êtes de ceux qui m'auront puissamment aidé, pendant deux ans. à soulager efficacement tous ceux qui avaient si cruellement souffert de l'occupation et de la guerre.

Puissé-je trouver, dans mon nouveau poste, des concours aussi précieux, aussi utiles et aussi généreux que le vôtre!

Veuillez agréer, Monsieur le Directeur, l'assurance de ma considération la plus distinguée et de ma très cordiale et fidèle sympathie.

Monsieur le Directeur de
l'Oeuvre de Secours aux Enfants
31 Avenue de la Victoire
à NICE

Le Préfet,

P. ESCANDE

Lettre de remerciements du préfet P. Escandre à un courrier de M. Abadi.

Nice le 17 Juillet 1946

Monsieur le Préfet,

Ayant été, sans aucun mérite personnel, l'inspirateur du réseau social clandestin de protection des enfants de déportés et massacrés Israëlites établi dans les Alpes-Maritimes, et dont le centre se trouvait à l'Evêché de Nice, j'estime qu'il est de mon devoir, puisque personne ne peut le faire à ma place, de signaler à votre haute autorité, la conduite admirable de deux Membres de ce réseau, Mr. ABADI Moussa et Mademoiselle Odette ROSENSTOCK.

Je me permets de demander pour eux, les décorations que l'Etat décerne à ceux de ses serviteurs qui ont accompli des actions d'éclat, au péril de leur vie. Volontairement, ils ont été au devant des plus grands dangers pour sauver des vies humaines et s'ils ont survécu, ce n'est certes pas leur faute. J'en parle en connaissance de cause.

Leur accorder cette récompense ne sera qu'un faible témoignage de la reconnaissance et de l'admiration que leur doit la société.

Croyez, Monsieur le Préfet, à mes sentiments respectueusement dévoués.

Monsieur le PREFET
des ALPES - MARITIMES
N I C E

Pièces jointes

Lettre de Mg. Rémond au préfet des Alpes-Maritimes.

DEMANDE DE DECORATIONS

LEGION d'HONNEUR et MEDAILLE DE LA RESISTANCE

RAPPORT sur :

EVECHE
de
N I C E

I4 Juillet I946

Monsieur ABADI Moussa

et

Mademoiselle Odette ROSENSTOCK

De par mes fonctions, et en raison des événements auxquels nous avons été mêlés pendant la guerre, j'ai été amené à m'occuper du sort des jeunes enfants Israëlites dont les parents furent arrêtés, déportés, exterminés par la Gestapo.

Grâce au dévouement héroïque de quelques collaborateurs, nous avons pu contribuer au salut d'environ 300 de ces petites victimes, que traquaient les agents nazis.

C'est à ces collaborateurs désintéressés qu'est dû le succès de l'audacieuse et périlleuse entreprise. Ils ont assumé toutes les charges, bravé tous les dangers, fourni un effort surhumain pour arracher à la mort certaine, de petits êtres innocents. Plusieurs d'entre eux ont été arrêtés, l'une de nos Assistantes volontaires, Melle WAHL, surprise par la police allemande, au moment où elle portait des vêtements à des enfants camouflés, à l'Institut Ste Thérèse de Nice, fut incarcérée et abominablement traitée, sans qu'on réussît à lui arracher la moindre parcelle des secrets dont elle était dépositaire. Déportée au Camp d'extermination d'AUSCHWITZ, elle y a été gazée dès son arrivée.

Mais aujourd'hui je veux parler de deux survivants : .

Mr. ABADI Moussa et Mademoiselle Odette ROSENSTOCK.

Demande de décorations pour O. Rosenstock et M. Abadi de Mg. Rémond.

EVECHE
de
NICE

14 Juillet 1946

Monsieur ABADI Moussa, connu dans la clandestinité sous le nom de Marcel, puis d'Audibert, quand son premier nom de guerre fut brûlé, a été vraiment l'âme et l'organisateur de notre réseau social clandestin.

Se sachant dénoncé et pourchassé, obligé de changer d'adresse et de domicile, quelquefois toutes les nuits, poussant l'audace jusqu'à la témérité, il n'a pas hésité une seule fois à se porter au secours des détresses qui lui étaient signalées. A plusieurs reprises, attiré dans des souricières, il y a échappé de justesse, grâce à sa discipline envers les consignes générales du réseau.

Prévenant ceux qui étaient menacés, les informant des dangers qu'ils courraient, il a pu aider de nombreux camarades à déjouer les pièges ennemis.

Risquant d'être découvert à chaque instant, c'est lui qui, néanmoins, remplissait les missions les plus dangereuses, faisait les liaisons avec Paris et la Province, transportait les pièces secrètes, et dirigeait l'action de tous ses camarades. Au cours de ces voyages, il réussit, plusieurs fois, par sa présence d'esprit, à échapper aux interrogatoires et aux fouilles de la Gestapo.

Pendant des mois je fus en relations avec lui presque chaque jour, dans le local de l'Evêché où il avait été installé, sous prétexte de travailler au repliement des enfants des écoles; et j'ai pu apprécier la somme considérable de travail qu'il a fourni, jusqu'à l'épuisement de ses forces, dans des conditions quelquefois dramatiques, afin d'accomplir, jusqu'au bout, l'admirable mission dont il s'était volontairement chargé. C'est miracle qu'il ait échappé à un destin qui semblait fatal et qu'il avait accepté d'avance. Il est certain que trois cents petits êtres humains lui doivent la vie.

Après la Libération , il n'a pas cessé de travailler pour rendre ces petits enfants aux parents que l'on pouvait retrouver et il est devenu le DIRECTEUR REGIONAL de l'Oeuvre de Secours aux Enfants (O.S.E.) des Alpes-Maritimes.

Aussi je me permets de le signaler aux autorités chargées de distinguer les belles et grandes actions accomplies au service de l'humanité et au Pays. Honorer de tels dévouements, c'est honorer la FRANCE.

Attestation en faveur de Moussa.

Odette <u>ROSENSTOCK</u> (dite <u>Sylvie DELATRE</u>)

fuyant la zône occupée où les lois raciales l'avaient privée de sa situation officielle dans le Département du Loiret, la Doctoresse Odette ROSENSTOCK vint se réfugier à Nice, où dès son arrivée, elle offrit ses services au réseau social clandestin que dirigeait Mr. ABADI Moussa.

Elle est chargée de recueillir les petits malheureux abandonnés, elle les conduit aux asiles qui leur sont désignés, leur porte des secours de toute nature : vêtements, vivres, argent etc... Elle est en route de jour et de nuit, risquant d'être découverte aux nombreux postes de contrôle installés sur les routes et les voies ferrées.

Dans ces circonstances, je la vois quotidiennement, elle aussi, au bureau installé à l'Evêché où elle travaille à la mise en ordre des dossiers et des fichiers secrets. Jamais un instant d'hésitation, surtout quand la mission qu'on lui confie est périlleuse. Elle fait preuve d'une patience, d'une constance, d'un sang froid, d'une discrétion et d'une intelligence qui en font l'agent modèle de ces dangereuses expéditions.

L'inconscience d'un de nos correspondants entraîne la découverte de cinq petits Israëlites cachés à la campagne, dans une maison de rééducation. Les pauvres enfants, sans se douter de la gravité de ce qu'ils racontent, donnent le nom de leur bienfaitrice : Sylvie DELATRE. Une nuit, à son domicile, à Nice, elle est arrêtée. La Gestapo l'enferme à l'Hotel Excelsior et à l'Hermitage, où pendant huit jours, en l'affamant et la torturant, on essaye en vain de la faire parler.

Craignant que ses camarades ne se sacrifient pour la délivrer, finalement elle déclare sa véritable identité et elle est immédiatement transférée au Camp de Drancy où elle retrouve ses cinq petits protégés, qui avaient été amenés avant elle. Elle les prend sous sa garde et les entoure d'une affection maternelle. Puis, de Drancy, avec eux, elle est envoyée en Allemagne, d'abord à AUSCHWITZ, ensuite à BERGEN-BELSEN.

Son titre de Doctoresse lui vaut la fonction illusoire de Médecin des 28.000 femmes internées. Sans moyens, sans aide, elle se dévoue auprès des typhiques et contracte elle-même leur maladie. Guérie par miracle et bien qu'épuisée, à bout de forces morales et physiques, elle continue à se dépenser sans compter pour ses compagnes de misère et de mort.

Elle en sauve des centaines, sans pouvoir sauver sa mère et sa soeur, ni les cinq petits malheureux enfants qui furent gazés et passés au four crématoire.

A la veille de subir le même sort, elle est enfin délivrée par l'arrivée des Américains, en Mai 1945.

Le dévouement sublime de cette jeune fille, qui demeure ignoré, mérite cependant d'être donné en exemple.

C'est pourquoi, pour elle aussi, je demande que les Pouvoirs Publics accomplissent le geste qui s'impose et lui donnent un témoignage de reconnaissante admiration.

Attestation en faveur d'Odette.

CABINET DU PRÉFET
DES
ALPES-MARITIMES

MF/JA/29/CAB 1144

NICE, LE 29 JUILLET 1946

Monseigneur,

Par lettre du I7 courant, vous avez bien voulu appeler mon attention, sur M. ABADI MOUSSA et Mlle Odette ROSENSTOCK, et demander pour eux la Croix de la Légion d'Honneur, en récompense de l'attitude courageuse dont ils ont fait preuve durant l'occupation ennemie.

J'ai l'honneur de vous faire connaître que je fais procéder immédiatement à la constitution et à l'instruction de leur dossier, en vue de l'envoi des propositions au Ministère intéressé. Je ne manquerai pas de vous tenir informé de la suite qui aura été réservée à ces candidatures.

Veuillez agréer, Monseigneur, l'assurance de ma considération la plus distinguée.

Pour le Préfet
Pour le Préfet
Le Sous-Préfet, Directeur du Cabinet

Monseigneur REMOND
Evêché
St Maurice
NICE

Réponse favorable du Préfet.

LES JUSTES

Beaucoup d'anonymes aidèrent le Réseau Marcel, dont nous ignorerons à jamais le nom : quelques-uns ont pu être honorés et recevoir la médaille des Justes. J'ai voulu qu'ils figurent ici.

1999 – Blain Michel, Nice. *Prêtre, aumônier de l'école de Don Bosco.*

1997 – Chopin Joséphine, Nice. *Religieuse, directrice d'un établissement pour jeunes filles parallèle à celui du père Vincent Siméoni.*

1994 – Évrard Ida, Nice.

1994 – Évrard Edmond, Nice. *Pasteur de la communauté baptiste de Nice, conseiller de la colonie de l'Armée du Salut au Chambon, en liaison étroite avec les réseaux juifs.*

1994 – ÉVRARD DANIEL (fils de Edmond et Ida) - 18 ans, Nice. *Conseiller de la colonie de l'Armée du Salut au Chambon.*

1994 – ÉVRARD LOUIS (fils de Edmond et Ida) - 16 ans, Nice. *Conseiller de la colonie de l'Armée du Salut au Chambon.*

1985 – FORT GERMAINE ET FORT ALBAN, Cannes. *Catholiques fondateurs d'un établissement pour enfants orphelins ou sans foyer,* « Le Rayon de Soleil ».

1991 – RÉMOND PAUL, *Évêque de Nice, dont on connaît l'implication dans le réseau Réseau Marcel.*

1991 – ROSE, Nice. *Religieuse, couvent des Clarisses.*

2004 – ROUS JEANNE, Nice.

2004 – ROUS JEAN, Nice. *Employé de bureau EdF. Invalide de la guerre 1914-1918.*

1997 – SIMÉONI VINCENT, Nice. *Religieux, supérieur de l'institution Saint-Jean Bosco, de l'ordre Salésien, directeur de l'internat de jeunes garçons.*

BIBLIOGRAPHIE

Les fiches concernant le théâtre entre 1960 et 1980 se trouvent à l'IMEC (www.imec-archives.com).

MOUSSA ABADI : *La Comédie du théâtre.* Julliard, 1985.

MOUSSA ABADI (Prix de l'Académie française) : *La Reine et le Calligraphe.* Christian de Bartillat, 1993.

ODETTE ABADI : *Terre de Détresse.* L'Harmattan, 1995.

MOUSSA ABADI : *Shimon le parjure.* Éditions du Laquet, 1999 ; traduit en Hébreu. Éditions du Nadir.

Le Réseau Marcel, histoire d'un réseau juif clandestin, documentaire réalisé par Jacqueline Sigaar et Maria Landau, produit par Viviane Dahan, figure sur le DVD *Paroles d'Étoiles* avec les films de Thomas Gilou.

TABLE DES MATIÈRES

Achevé d'imprimer en octobre 2006
sur rotative numérique par Book It!
dans les ateliers de l'Imprimerie Nouvelle Firmin Didot
Le Mesnil-sur-l'Estrée (France).
Dépôt légal octobre 2006.

N° d'impression : 81735